编 委 会

主　编：徐绍史
副主编：林念修
编　委：綦成元　王昌林　沈竹林　张志宏　罗　晖

编 写 组

组　长：綦成元　王昌林　沈竹林
副组长：霍福鹏　罗　蓉　刘国艳　姜　江
成　员：（按照姓氏笔画排序）
　　　　王　阳　王光磊　王　蕴　邓宝山　刘铁志　安　磊
　　　　孙启新　李志更　李　政　李清彬　杨　拓　吴有红
　　　　何　伟　辛勇飞　张　航　张　蕾　陈大红　陈　晴
　　　　欧阳慧　周寂沫　施云燕　唐　黎　姬　利　符星华
　　　　韩　祺　鲁春丛　曾红颖　黎晓奇　魏国学

2015年
中国大众创业万众创新发展报告

国家发展和改革委员会

人民出版社

代　序

李 克 强

　　大众创业、万众创新是时代的选择,是发展的动力之源,也是富民之道、公平之计、强国之策,它符合全心全意为人民服务这一党的宗旨,符合激发市场活力的客观要求。高手在民间,人民是真正的英雄。我们党几十年来创造和积累的经验,很重要的一条就是要尊重人民主体地位,调动亿万群众的积极性和创造性。

　　我们要实施创新驱动发展战略,必须从过度依赖消耗自然资源转向更多依靠人力资源,这是我国转变发展方式、调整经济结构必须要走的路,也是能够做得到的。我国人力资源十分丰富,是世界上任何国家都不能比的。我们有9亿多劳动力,其中技能人才近1.6亿人,大专以上文化程度的人数也有1亿多,大体相当于一个大国的总人口。只要更好发挥我国人力资源优势,用"双创"激发人民群众的创造力,我国经济发展前景不可限量。

　　"双创"有利于扩大社会就业。就业至关重要,没有就业就没有收入,没有就业也难有社会稳定。一些国家发生危机、社会不稳定甚至动荡,原因往往是失业人员过多。目前我国经济增长虽然放缓,但就业是稳定的,这几年每年城镇新增就业人数都在1300万以上,简政放权、"双创"等功不可没。"双创"还有利于调整收入分配、促进社会公平。很多农民工把在企业学到的技术带回家乡搞创业,依靠自身勤劳智慧走上致富之路。我们鼓励"双创",就是要让每个人都有公平的上升通道、都有机会通过努力实现人生价值。

"双创"不仅极大推动了新技术、新产业、新业态发展,促进了新动能成长,而且有力推动了传统动能的改造提升,形成了新经济发展的良好态势。不能简单认为"双创"就是搞电商,冲击了实体店。在电商发展过程中,实体店确实有过痛苦期,但现在不少实体店线上线下一起做,通过网络给工厂下订单搞定制化生产和销售,销售额大大增加。必须看到,我国已进入中等收入阶段,居民消费正在升级,定制化生产和销售更能满足群众多样化需求。我最近翻了一些国外有关创客、互联网与产业融合的书,他们认为创客的创新可以说已成为新工业革命的重要推动力量。在我国,这样的例子也不少。"双创"不仅是小微企业的兴业之策,也是大企业的兴盛之道。大企业人员多、市场大,在互联网时代更能体现线上的特征、线下的实力,在"双创"中有独特优势。"双创"做得好,对企业的组织架构、研发机制、生产模式、供销链条都会带来革命性变化,能够对企业提高研发效率、提升产品质量注入强大能量,是我们推动产业改造升级的新路径。

现在"双创"已蔚然成风,政府要继续加油助力,引导"双创"与"中国制造2025""互联网+"相结合,在创业创新中推动大中小微企业共同发展、传统产业改造和新兴产业成长并驾齐驱、服务业壮大和制造业升级互促共进,增强经济发展动力。政府应当清障搭台、放水养鱼,加强政策支持,打造综合服务平台,提供便捷高效服务,推动众创、众包、众扶、众筹等"双创"支撑平台加快发展,着力推动"双创"向更大范围、更高层次、更深程度发展,促进中国经济保持中高速增长、迈向中高端水平。

（此文节选自李克强总理关于"双创"的讲话）

目　　录

5

总论　创业创新的新浪潮

创新是民族进步之魂,创业是就业富民之源,创业创新是实现经济发展和就业增长的核心动力。习近平总书记指出,创新是引领发展的第一动力,抓创新就是抓发展,谋创新就是谋未来。李克强总理强调,大众创业、万众创新是充分激发亿万群众智慧和创造力的重大改革举措,是实现国家强盛、人民富裕的重要途径。

新中国成立以来特别是改革开放以来,党中央、国务院高度重视创业创新,在新科技革命和改革开放的大潮中,先后出现了三次大规模的创业浪潮。第一波出现在 20 世纪 80 年代,随着农村改革和城市经济体制改革,以及对外开放的启动,乡镇企业和民营企业异军突起,成为经济发展的强大推动力。第二波始于 20 世纪 90 年代,党的十四大确定了建立社会主义市场经济体制改革目标,极大激发了广大人民群众的创业积极性,掀起了"下海"经商的浪潮。当前,随着创新驱动发展战略推进实施,大众创业、万众创新蓬勃发展,第三波创业潮正在加快兴起。互联网与经济社会各领域深度融合,新技术、新产业、新业态不断催生,新动能培育、新经济发展与我国转变发展方式、全面建成小康社会形成历史性交汇。

近年来,全球新一轮科技革命和产业变革快速孕育兴起,互联网与经济社会各领域加速融合,新技术、新产品、新业态、新产业蓬勃发展,与我国转变发展方式、全面建成小康社会形成历史性交汇。在此背景下,党中央、国务院顺应时代潮流,将创业创新放在经济社会发展更加突出的位置,着力推进大众创业、万众创新,出台了一系列支持政策举措,在960万平方公里土地上掀起了新一波创业浪潮。

一、市场主体井喷式增长,创业创新蔚然成风

市场主体是经济社会持续健康发展的重要微观基础。新企业的大量增长,是促进经济社会发展的重要力量。国际经验表明,一个国家新创办企业的数量多少、拥有企业的密度高低,是反映创新发展水平和经济繁荣程度的重要标志。近年来,在政府的大力推动下,中国各类市场主体雨后春笋般大量涌现,激发了市场经济的内在活力。

新登记注册市场主体增长迅猛。2015年全国新登记市场主体超过1400万户,同比增长14%以上,其中,新登记企业达到443.9万户,增长21.6%,平均每天新登记企业1.2万户,每分钟诞生8家企业。截至2015年底,全国实有市场主体7746.9万户,增长11.8%,增量是前30年总量的21.3%,平均每千人拥有市场主体56.7户;其中企业总量为2185.8万户,平均每千人拥有企业16户。

新登记注册市场主体类型结构不断优化。在新登记注册的企业、个体工商户、农民专业合作社等各类市场主体中,企业比重不断提高。2015年新登记企业比重为31.7%,比上年提高3.5个百分点。作为现代企业制度重要组织形式的公司制企业比重不断提高。私营企业登记数量和资本增长强劲,2015年新登记注册私营企业421.2万户,占新设企业总数的95%,所占比重比2013年提高0.2个百分点。

新登记市场主体产业结构不断升级。代表新科技革命趋势与我国产业结构优化方向、知识技术密集的战略性新兴产业和现代服务业新创办企业呈现迅猛发展的态势。2015年,信息传输、软件和信息技术服务业新登记企业24万户,比2014年增长63.9%;文化、体育和娱乐业10.4万户,增长58.5%;金融业7.3万户,增长60.7%;

教育 1.4 万户,增长 1 倍;卫生和社会工作 0.9 万户,增长 1 倍。第三产业新设企业 357.8 万户,增长 24.5%,大大高于第二产业 6.3% 的增速。

二、创客群体不断壮大,创业创新理念深入人心

大众创业、万众创新,核心是激发人的创造活力。近年来,随着各项创业创新政策的陆续出台,双创环境大为改善,全面激发了大学生、留学归国人员、科技人员和返乡农民工等各类人群的创业创新热情。

大学生积极投身创业。深入实施高校毕业生创业引领计划,设立大学生创新创业教育专项资金,促进高校毕业生就业创业,激发了大学生的创业热情。2015 年创业及参与创业的大学生总人数达到 55.8 万人,比 2014 年增长 16.9%。应届毕业生和在校生创业的比重不断上升,2015 年大学毕业生当年创业的人数同比增长 14.9%,在校生创业增长 37.3%。

大量留学人员纷纷回国创业。国家出台《关于支持留学人员回国创业的意见》《关于做好留学归国人员自主创业工作有关问题的通知》等政策文件,持续实施“千人计划”和“留学人员回国创业启动支持计划”,越来越多的海外留学生回国创业。据中国科协抽样调查,2014 年留学回国人员中自主创业者已占 15% 以上。

科技人员创业热情高涨。《促进科技成果转化法修订案》发布实施,将财政资金支持的科技成果知识产权下放给具有法人资格的科研事业单位,明确规定科技成果转化净收入中科技人员提取不低于 50% 的比例。国家大力推进科技成果转化,各地纷纷制定促进科技创业的政策措施,高校、科研院所等事业单位专业技术人员的创业热情日益高涨。据中国科协抽样调查,2015 年科技人员创业意愿超过 50%,比 2013 年提高近一倍。

农民工返乡创业成为新潮流。国务院办公厅印发《关于支持农民工等人员返乡创业的意见》,对农民工等人员返乡创业给予减征企业所得税、免征增值税、营业税等税费减免和降低失业保险费率等优惠政策,提供创业担保贷款和财政贴息支持。农民工等人员返乡创业的热情得到充分激发。截至 2015 年底,累计注册 2505 万个个体工商户、农产品加工企业 40 多万家、休闲农业经营主体 180 万家、农民合作社 147.9 万家,其中 70% 是由返乡农民工创办的。

三、创业投资大幅增长,成为社会投资的新热点

创业投资是创业创新发展的关键要素和必要支撑,是反映创业创新活跃程度的晴雨表。近年来,在政府的大力引导和推动下,中国天使投资、创业投资呈现蓬勃发展态势,越来越多的人踊跃投身创投事业,社会资金大量涌向创业企业。

天使投资和创业投资进入快速发展轨道。2015 年,中国天使投资募集资金达到 203.57 亿元,是 2014 年的 3 倍多、2010 年的 15 倍;募集基金数为 124 只,比上年增加 85 只,是 2010 年的 15.5 倍;投资额 101.88 亿元,同比增长 218%,是 2010 年的 20 倍;投资案例数 2075 个,是 2010 年的 21.6 倍。创业投资爆发式增长,2015 年创业投资募资 1996 亿元,比 2014 年增长 70.7%,投资金额 1293.34 亿元,增长 24.6%,投资案例数 3445 个,增长 79.7%,再创历史新高。截至 2015 年底,中国天使投资、创业投资机构总量接近 3000 家,管理资本量超过 1 万亿元,成为仅次于美国的世界第二大创业投资集聚地。

政府引导基金数量及管理资本倍增。大力实施国家新兴产业创投计划,政府引导基金数量快速增长,覆盖区域持续扩大,运作模式日益完善,引导作用不断增强。截至 2015 年底,全国创业投资引导基金达到 780 只,基金总目标规模为 2.18 万亿元。其中,2015 年新

设立政府引导基金 297 只,基金目标规模 1.5 万亿元,分别是 2014 年的 2.8 倍和 5.2 倍。

投资阶段和行业结构不断优化。2015 年创投机构投资于种子期的案例数占 22.3%,投资于初创期的案例数占 32.6%,二者合计达到 54.9%,比 2013 年提高了 11.5 个百分点,扭转了中国创业投资主要投资于成熟期和扩张期企业的局面。投资领域主要集中于"互联网+"、生物医药等新兴产业。互联网、电信及增值服务、生物技术和医疗健康、金融、娱乐传媒等行业吸引的天使投资和创业投资占 70%以上。机械制造、电子及光电设备等行业也是创投机构和天使投资的重要领域。

投资退出渠道不断拓宽。近年来,我国多层次资本市场体系日趋完善,创业投资初步形成了以新三板为主,股权转让、首次公开发行、并购等方式并重的多元化退出机制。据有关专业机构统计,2015 年,天使投资市场、创业投资市场通过新三板退出的案例数分别占 51.8%和 51.2%,股权转让方式分别占 33.7%和 10.9%,首次公开发行分别占 7.2%和 14.2%,并购方式分别占 7.2%和 15.4%。

四、双创政策体系初步构建,创业创新生态环境不断优化

推进大众创业、万众创新,关键在于营造良好的创业创新环境。近年来,围绕阻碍创业创新发展的"堵点"和影响干事创业的"痛点",国家密集出台了一系列支持创业创新的政策举措,持续推进简政放权,着力改革商事制度,不断加大财税、金融扶持力度,大力弘扬创新和企业家精神,有利于创业创新的生态环境正在形成。

商事制度改革扎实推进。按照简政放权、放管结合、优化服务的要求,大力推进注册资本登记制度、企业年检制度、市场巡查制度等改革,全面实施"三证合一""先照后证"登记制度,简化市场主体住

所(经营场所)登记手续,推行电子营业执照和全程电子化登记管理,规范权力运行,激发了市场活力和社会创造力,为创业创新打开了大门、降低了门槛。自 2013 年以来,国务院已取消 150 多项审批事项、10 余项束缚创业创新的部门行政许可、61 项职业资格认证,清理规范 192 项中介服务事项。新设企业完成全部注册时间从改革前的平均 26 天缩短到 14 天,实现"一照一码"后,将进一步缩短到 3 天。

财税支持力度不断加大。对创新产品和服务的政府采购力度加强。实施结构性减税和普遍性降费,扩大小型微利企业享受减半征收所得税的范围,将应纳税所得额由 10 万元提高至 30 万元,将小微企业增值税、营业税起征点提高到 3 万元,对符合条件的孵化器企业减免营业税、房产税、城镇土地使用税,扩大企业研究开发费用税前加计扣除的范围,取消、停征、减免部分中央和地方涉企收费。2015 年全国减免小微企业和创新型企业税费负担 3500 亿元以上。

金融服务体系日趋健全。针对制约创业创新企业发展的融资难、融资贵问题,大力推进创业创新投融资体系建设。国家设立了总规模 400 亿元的国家新兴产业创业投资引导基金和总规模 600 亿元的国家中小企业发展基金。推动在上海证券交易所建立战略新兴产业板。扩大公司债券发行主体范围,全面建立非公开发行制度,推进区域性股权市场规范发展。服务中小微企业的功能作用日益增强。2015 年底,全国中小企业股份转让系统挂牌公司达到 5129 家,当年新增 3557 家,全年融资规模达到 1216.17 亿元,是 2014 年的 9.21 倍。全国已设立的 37 家区域性股权市场挂牌股份公司数量达到 3375 家,展示企业 4.15 万家,累计为企业实现各类融资 4331.56 亿元。创业板、中小板共上市 130 家,募资总额 499.24 亿元,同比分别增长 58.5% 和 7.3%。鼓励银行业金融机构向创业创新企业提供结算、融资等一站式系统化的金融服务,加大对小微企业的融资担保扶持力度,试点银保合作服务小微企业模式。到 2015 年底,银行业小微支行、社区银行已超过 5000 家,全国金融机构小微企业贷款余额 23.46 万亿元,占全部贷款的 23.9%,全年小微企业贷款增加 2.76 万亿,较上年同期增长 13.3%。全国创业担保贷款余额达到 840.4 亿元,对创业创新的支持力度不断加大。

公平竞争的市场环境建设取得重要进展。加大反不正当竞争的执法力度,开展知识产权执法维权行动,集中整治仿冒、虚假宣传等侵犯知识产权的不正当竞争行为。加强公平竞争和信用体系建设,强化以信用监管为核心的事中事后监管。2015 年共查处各类经济违法违章案件 51.8 万件,案件总值 71 亿元,办理专利行政执法案 35844 件,同比增长 46.4%。

双创支撑平台快速发展。颁布实施《关于加快构建大众创业万众创新支撑平台的指导意见》,大力推进众创空间发展,推广创客空间、创业咖啡等新型孵化模式,开展小微企业创业创新基地城市示范,着力打造低成本、便利化、全要素、开放式的创业服务体系。截至 2015 年末,全国共有各类众创空间 2300 多家,全国科技企业孵化器数量超过 2500 家,在孵企业超过 8 万家,毕业企业达到 6 万家。

创业创新文化氛围逐渐浓厚。成功举办首届"全国大众创业万众创新活动周",在全国产生了广泛深入的影响。举办"创青春"中国青年创新创业大赛,设立 31 个省级赛区、100 多个地市级赛区,吸引 7600 多个创业项目、30 多万名青年参赛。举办"互联网+"大学生创新创业大赛,吸引 1800 余所高校、57000 多支团队、20 万名大学生参赛。广泛通过电视、广播、报刊、网站、微信、微博等方式宣传创业创新政策,讲中国创业者故事,弘扬创新和企业家精神。

五、创业创新加速创造新供给,汇聚经济发展新动能

双创活力持续迸发,对推动新技术、新产品、新业态、新产业蓬勃

发展,增加新供给,释放新需求,促进产业转型升级,保持经济平稳增长,增加就业发挥了重要作用。

创业创新加速新技术、新产业、新业态、新模式发展。在大众创业、万众创新的推动下,近年来云计算、物联网、3D 打印、大数据等新技术产业化加快,互联网教育、互联网金融、移动医疗等新业态迅猛发展,线上线下融合(O2O)、移动支付、个性定制等新模式蓬勃涌现,新一代信息技术、节能环保、新能源、生物医药等新兴产业快速发展壮大。2015 年全国战略性新兴产业 27 个重点监测行业规上企业收入和利润同比分别增长 9.7% 和 11%。"十二五"期间,全国战略性新兴产业增加值占 GDP 的比重由 2010 年的约 4%,提高到 2014 年的 7.64%,预计 2015 年可实现 8% 的发展目标。

创业创新带动就业效果显著。创业促进就业规模稳步扩大,大大抵消了经济增速下降对就业带来的冲击。创业带动就业结构发生变化,近年来新登记市场主体大部分都是服务业企业,很多新设企业从事信息技术服务、物流快递、文化创意等现代服务业,创造了大量新的就业岗位,就业结构开始向新兴产业、服务业转型。统计显示,2012—2014 年,租赁和商务服务业城镇单位就业人员增长 53.5%,信息传输、计算机服务和软件业增长 50.94%,增速在所有行业中分别位居第一和第二位,远高于城镇单位就业增长 19.96% 的平均水平。创业带动就业质量提高,创客群体中实现创业梦想的比重明显上升,从业人员工资收入不断提高,就业环境日益改善。

创业创新助力地区经济转型升级。北京、深圳等地区着力营造良好的创业创新生态,掀起新一轮科技创业热潮,涌现出大批极具发展潜力的创业企业,创业创新实现新突破。上海着眼于建设具有全球影响力的科技创新中心,发挥改革前沿、要素汇聚的综合优势,新技术、新产业、新业态、新模式蓬勃发展。浙江一批创业梦想小镇快速兴起,集聚了一大批创业者和项目,电子商务、智慧安防、智慧医疗等产业集群快速发展壮大。武汉、西安等地充分发挥科教军工资源密集优势,大力推进科技创业,努力把智力资源优势转化为创业创新优势。成都、重庆等地依托文化、产业等基础优势,实施创新创业行动计划,大力推进大众创业、万众创新,为经济转型注入强大动力。

第一章　创业环境

推进大众创业、万众创新,关键在于营造良好的创业创新生态。近年来,中国政府持续推进"放、管、服"改革,着力破除限制创业创新的各种束缚,健全金融、财税等政策扶持体系,大力弘扬创新和企业家精神,全社会创业创新环境大为改善。

第一节　体制机制改革

按照简政放权、放管结合、优化服务的要求,着力强化公平竞争环境和信用体系建设,推进简政放权,深化商事制度改革,完善科技成果转化激励机制,提高科研体系创新效率,创新人才培养机制,实施更具竞争力的人才吸引制度,着力破除制约创业创新的体制机制障碍,创业创新生态环境加快形成。

一、加强公平竞争和信用体系建设

以市场竞争激励创新,营造公平、开放、透明的市场环境,促进优胜劣汰,增强市场主体创新动力。实施严格的知识产权保护制度,降低侵权行为追究刑事责任的入罪门槛,探索实施惩罚性赔偿制度;完善商业秘密保护法律制度,研究商业模式等新形态创新成果的知识产权保护办法;打破侵权行为的地方保护;健全知识产权侵权查处机制,强化行政执法和司法衔接,将侵权行为信息纳入社会信用记录。

2015 年,国家知识产权局积极开展知识产权执法维权行动,办理专利行政执法案件 3.6 万件,同比增长 46.4%;加快建设全国知识产权运营公共服务和特色试点平台。保监会深入开展专利保险试点,累计为 3000 多家企业的 5000 多件专利提供风险保障,创新型企业侵权风险得到分散和化解。

加快推进垄断性行业改革,切实加强反垄断执法,清理和废除妨碍全国统一市场的规定和做法。改革产业准入制度,制定和实施产业准入负面清单,对未纳入负面清单管理的行业、领域、业务等,各类市场主体皆可依法平等进入。破除医药、新能源等领域限制新技术新产品新商业模式发展的不合理准入障碍。强化产业技术政策的引导和监督,明确并逐步提高生产环节和市场准入的环境、节能、节地、节水、节材、质量和安全指标及相关标准,形成统一权威、公开透明的市场准入标准体系。运用市场决定要素价格的机制,促使企业从依靠消耗资源能源、低人力土地等要素成本竞争,向依靠创新提升竞争力转变。

国家发展改革委、工商总局等部门协同合作,加快制定公平竞争审查制度,营造良好的创业创新生态。国家发展改革委推进社会信用体系建设,组织实施统一社会信用代码制度,在"信用中国"网站集中公示信用信息,加快创建全国信用信息共享平台。会同有关部门加大力度清理规范涉企收费,建立涉企经营服务收费目录清单。财政部会同有关部门,完善行政事业性收费目录清单,公布政府性基金目录清单,在中央层面取消、停征、减免 106 项行政事业性收费和 5 项政府性基金,降低 17 项收费标准,减轻企业和个人负担约 570 亿元。工商总局加快构建国家企业信用信息公示系统。工业和信息化部加快推动网络提速降费,全国固定宽带平均介入速率同比提高 210%,固定宽带单位带宽和移动流量平均资费水平完成年度同比下降 30% 的目标。

二、推进简政放权

加速简政放权,印发实施《国务院关于取消和调整一批行政审批项目等事项的决定》(国发〔2015〕11号)、《国务院关于印发2015年推进简政放权放管结合转变政府职能工作方案的通知》(国发〔2015〕29号)、《国务院关于取消一批职业资格许可和认定事项的决定》(国发〔2015〕41号)等。2015年共决定取消和下放行政审批项目90余项,取消67项职业资格许可和认定事项,取消10项评比达标表彰项目,将21项工商登记前置审批事项改为后置审批。取消了所有非行政许可审批,对没有法律法规依据的中央制定地方实施的审批事项全部取消;对快递业务员职业技能确认等89项中介服务事项不再作为部门行政审批受理的必要条件。出台《国务院关于实行市场准入负面清单制度的意见》(国发〔2015〕55号),由国家发展改革委牵头在部分地区试点"负面清单"市场准入管理制度。

深化商事制度改革,先后印发实施《国务院办公厅关于加快推进"三证合一"登记制度改革的意见》(国办发〔2015〕50号)、《工商总局关于严格落实先照后证改革严格执行工商登记前置审批事项的通知》(工商企注字〔2015〕65号)、《工商总局等六部门关于贯彻落实〈国务院办公厅关于加快推进"三证合一"登记制度改革的意见〉的通知》(工商企注字〔2015〕121号)、《工商总局关于进一步推进企业简易注销改革试点有关工作的通知》(工商企注字〔2015〕142号)等。深入推进注册资本登记制度改革,落实"先照后证"改革,动态调整前置审批目录;全面实施"三证合一""一照一码"登记制度,办理"一照一码"营业执照350.94万张;简化市场主体住所(经营场所)登记手续;开展企业简易注销登记试点,有序推进电子营业执照和全程电子化等试点。印发实施《国务院办公厅关于推广随机抽查规范事中事后监管的通知》(国办发〔2015〕58号),加强事中事后监管,推动部门间实施信息共享和失信联合惩戒机制,通过随机抽查等手段规范监管行为,创新管理方式,强化市场主体自律和社会监督,有效提高监管效能、激发市场活力、提升公共服务水平和群众满意度。

各部门统筹协调合力推进改革。工商总局筹划建立企业信用信息公示系统,各地扎实推进经营异常名录制度建设。税务总局创新税收管理思路,修订完善《纳税人识别号代码标准》。海关总署实施统一社会信用代码改革,简化进出口企业注册登记,按期推进实施"一照一码""三证合一"。中国人民银行和工商总局就支付结算业务管理有关事项联合发布《关于"三证合一"登记制度改革有关支付结算业务管理事项的通知》。工业和信息化部组织清理涉及注册资本登记制度改革的有关规章,推动落实注册资本认缴制等。

三、深化科技体制改革

党中央、国务院印发实施《关于深化体制机制改革加快实施创新驱动发展战略的若干意见》(中发〔2015〕8号),明确了通过科技体制改革释放创业创新活力的重点方向和任务部署。指出要持续完善科技成果转化激励政策。将财政资金支持形成的,不涉及国防、国家安全、国家利益、重大社会公共利益的科技成果的使用权、处置权和收益权,全部下放给符合条件的项目承担单位。通过完善职务发明制度,加快推动修订专利法、公司法等,完善科技成果、知识产权归属和利益分享机制,将职务发明成果转让收益用于奖励科研负责人、骨干技术人员等重要贡献人员和团队的收益比例,从现行不低于20%提高到不低于50%。加大科研人员股权激励力度,鼓励国有企业、科技型中小企业等各类企业通过股权、期权、分红等激励方式,调动科研人员创新积极性。

全国人大常委会通过修改后的《促进科技成果转化法》,对科技成果转化处置权下放和科研人员奖励、报酬比例提高等内容作了更加明确的规定。具体包括:国家鼓励研究开发机构、高等院校采取转让、许可或者作价投资等方式,向企业或其他组织转移科技成果。国家设立的研究开发机构、高等院校对其持有的科技成果,可以自主决定转让、许可或者作价投资,但应通过协议定价、在技术交易市场挂牌交易、拍卖等方式确定价格并在本单位公示科技成果名称和拟交易价格。关于成果转化收益,国家设立的研究开发机构、高等院校转化科技成果所获得的收入全部留归本单位;科技成果完成单位可以规定或者与科技人员约定奖励和报酬的方式、数额和时限,若没有规定也没有约定的,对科研人员奖励和报酬的最低标准由原法律规定的不低于职务科技成果转让或者许可收入,或者作价投资形成的股份、出资比例的 20% 提高至 50%。

对于加快构建更加高效科研体系也作出了改革部署。要不断优化对基础研究的支持方式,扩大高等学校、科研院所学术自主权和个人科研选题选择权,改革基础研究领域科研计划管理方式以及高等院校聘用制度、完善内部分配机制,重点向关键岗位、业务骨干和作出突出成绩的人员倾斜。健全鼓励事业单位创新创造的分配激励机制,完善科研项目间接费用管理制度,加大对科研工作绩效的激励。改革高等学校和科研院所科研评价制度,强化分类考核,对公益性研究机构组织第三方评价,将评价结果作为财政支持的重要依据。加快科研院所分类转制改革,坚持技术开发类科研机构企业化转制方向;推动以生产经营活动为主的转制科研院所深化市场化改革;对于部分转制科研院所中基础研究能力较强的团队,引导其回归公益。

四、健全人才培养机制

《国务院办公厅关于深化高等学校创新创业教育改革的实施意见》(国办发〔2015〕36 号)颁布实施。针对当前高校创业创新教育理念滞后、与实践脱节、实践平台短缺、指导帮扶不到位等问题,提出要加快推进素质教育,提高人才培养质量,创新人才培养机制,完善条件和政策保障。具体部署包括:完善人才培养质量标准,使创新精神、创业意识和创业创新能力成为评价人才培养质量的重要指标。创新人才培养机制,实施高校毕业生就业和重点产业人才供需年度报告制度,完善学科专业预警、退出管理办法,探索建立需求导向的学科专业结构和创业就业导向的人才培养类型结构调整新机制。健全创业创新教育课程体系,改革教学方法和考核方式,强化创业创新实践,建立创业创新学分积累与转换制度,加强教师创业创新教育教学能力建设,提升学生创业指导服务水平,完善支持高校教学、学生创业创新的资金和政策保障体系。教育部加快落实有关部署,将创业创新教育与目标列入高中及以上教学质量评价体系和学位基本要求,2015 年共启动 29 门创业创新在线教育课程,累计培训 51.4万人。

国务院印发实施《关于进一步做好新形势下就业创业工作的意见》(国发〔2015〕23 号),强调加强就业创业服务和职业培训。尤其要注重加快发展现代职业教育,大规模开展职业培训,加大创业培训力度。利用各类创业培训资源,开发针对不同创业群体、创业活动不同阶段特点的创业培训项目。实施农民工职业技能提升和事业人员专业转岗培训,增强其就业创业和职业转换能力;发挥企业主体作用,支持企业以新招用青年劳动者和新转岗人员为重点开展新型学徒制培训。强化基础能力建设,创新培训模式,建立高水平、专兼职的创业培训师资队伍,提升培训质量,落实职业培训补贴政策,合理确定补贴标准。推进职业资格管理改革,形成劳动、技能等要素按贡献参与分配的机制。人力资源和社会保障部持续加大创业培训补贴力度,2015 年通过政府补贴共对 200 万人进行创业培训;积极清除职业资格认证壁垒,共取消 129 项职业资格认证。

五、为海外人才回国创业创造便利

吸引海外人才是集聚全球创新要素的重要内容。针对目前我国吸引外籍人才方面面临的办理签证难、审批周期长、要求多以及外籍人士在华创业审批难等问题和制约,有关部门加快制定实施更具竞争力的人才吸引制度。包括加快外国人永久居留管理立法,规范和放宽技术型人才取得外国人永久居留证的条件,探索建立技术移民制度。对持有外国人永久居留证的外籍高层次人才在创办科技型企业时,给予中国籍公民同等待遇。加快制定外国人在中国工作管理条例,对符合条件的外国人才给予工作许可便利,对符合条件的外国人才及其随行家属给予签证和居留等便利。对满足一定条件的国外高层次科技创新人才取消来华工作许可的年龄限制。

公安部进一步放宽外籍高端人才来华创业办理签证和永久居留条件,将国家实验室等 7 类科研机构纳入申请在华永久居留外国人工作单位范围,在上海实施 12 项出入境便利政策措施,为来华创业的外籍高端人才提供办理口岸签证、居留许可和永久居留的便利。人力资源和社会保障部继续实施留学人员回国创业启动支持计划。外专局会同有关部门优化外国专家短期来华办理程序,对外国专家短期来华提供便利,全年外国来华工作专家达 62.3 万人次。中国科协开展海外高层次人才离岸创业创新基地试点。共青团中央积极组织海外人才回国创业周活动,搭建海外人才深入了解国内创业环境与政策的平台。

此外,《人力资源和社会保障部办公厅关于做好留学归国人员自主创业工作有关问题的通知》(人社厅函〔2015〕19 号)中,围绕切实做好留学归国人员自主创业工作,明确了留学归国人员享受高校毕业生自主创业优惠政策,享受创业指导、创业培训、工商登记、融资服务、税费减免、场地扶持、人事代理、档案保管、职称评定、社会保险办理和接续等各项服务和优惠政策等。并对各级人力资源和社会保障部门、留学回国人员服务中心、留学人员创业园、留学人员工作站等机构明确工作流程、提高工作重视程度、提高工作效率和服务质量等方面提出明确要求。

第二节　完善扶持政策

金融是现代经济的血液,是创业创新的重要支撑。2015 年,国家积极推动设立创业投资引导基金,持续增强财税优惠力度,构建多层次资本市场,提升银行服务水平,着力解决种子期初创期小微企业融资难融资贵问题,助力中小微企业快速成长。

一、设立国家创业投资引导基金

2015 年 8 月 6 日,国务院正式批准国家发展改革委、财政部筹备设立国家新兴产业创业投资引导基金,助力创业创新和产业升级。9 月 11 日,国务院批准财政部、工业和信息化部筹备设立国家中小企业发展基金,切实扩大对中小企业的股权投资规模,破解中小企业投融资瓶颈,建立支持中小企业创新发展的市场化长效运行机制。

国家发展改革委会同有关部门加快设立国家新兴产业创业投资引导基金,截至 2015 年底,国家新兴产业创投计划已出资 103 亿元,参股设立 206 只创投基金,覆盖全国 28 个省市,总规模达到 557 亿元,共支持 1237 家创业企业。国资委支持中央企业建立或投资各类基金 179 只,总投入达到 1600 多亿元,有效带动国有资本参与企业创业创新。证监会印发实施私募基金监管暂行办法,对创业投资基金采取事后登记备案管理,会同财政部允许已备案的国有创业投资基金享受国有股豁免转持政策。保监会鼓励保险资金投向初创期至成长初期未上市企业,允许保险公司设立保险私募基金加大对创业投资基金的投入。

二、加大财税优惠力度

财政部会同国家税务总局等部门,扩大减半征收企业所得税范围至全部小型微利企业,延长增值税和营业税免税优惠执行期限,完善研发费用加计扣除、固定资产加速折旧等企业所得税政策,将中关村国家自主创新示范区税收试点政策逐步推广到全国,扩大企业吸纳就业税收优惠适用人员范围。财政部支持创业担保贷款,对不同对象的贷款额度统一调整为10万元;对符合条件的个人和劳动密集型小企业创业担保贷款给予财政贴息,以中央财政贴息和奖补形式拨付创业担保贷款金额达到105.65亿元。

财政部、国家税务总局、人力资源和社会保障部、教育部、民政部等部门先后两次印发《关于支持和促进重点群体创业就业税收政策有关问题的通知》,进一步简化享受税收优惠政策程序,确保毕业年度内高校毕业生从事个体经营的能够享受税收优惠政策。财政部、国家税务总局加快推广中关村国家自主创新示范区税收试点政策,明确关于股权奖励个人所得税政策、有限合伙制创业投资企业法人合伙人企业所得税政策、技术转让所得企业所得税政策、企业转增股本个人所得税政策等在中关村国家自主创新示范区试点成功的税收优惠政策推广至全国范围实施。

三、构建多层次资本市场

《国务院关于大力推进大众创业万众创新若干政策措施的意见》(国发〔2015〕32号)明确提出要优化资本市场。具体包括:支持符合条件的创业企业上市或发行票据融资,鼓励创业企业通过债券市场筹集资金;积极研究尚未盈利的互联网和高新技术企业到创业板发行上市制度,推动上海证券交易所建立战略新兴产业板;推进全国中小企业股份转让系统向创业板转板试点;研究解决特殊股权结构类创业企业在境内上市的制度性障碍,完善资本市场规则;规范发展服务于中小微企业的区域性股权市场,推动建立工商登记部门与区域性股权市场的股权登记对接机制,支持股权质押融资。

按照有关部署,证监会负责研究推进全国中小企业股份转让系统向创业板转板试点,推进区域性股权市场规范发展。发布实施公司债券发行与交易管理办法,扩大公司债券发行主体范围,全面建立非公开发行制度。国家发展改革委印发实施《双创孵化专项债券发行指引》,核准双创孵化专项债6只,规模达67.7亿元。人民银行负责在债务融资工具市场发行中小企业集合票据、区域集优票据等基础性产品,推出定向可转换票据、供应链票据等创新产品,支持创投企业在银行间债券市场发行债务融资工具。外汇管理局通过地区试点,允许符合条件的中小企业按一定比例借用境外资金;实施支付机构跨境外汇业务试点,简化个人贸易外汇结算凭证,为跨境交易提供便利支付结算环境。

四、加强银行业金融创新和服务

面向中小微企业、"三农"领域、知识技术密集的新兴产业领域以及大学生等特殊创业人群长期以来发展中存在的融资难、融资贵问题,人民银行、证监会等机构积极创新金融产品,加大支持力度,提升银行服务水平。人民银行、证监会支持设立科技金融专营机构;鼓励银行向创业创新企业提供结算、融资等一站式系统化金融服务,量身定制包括知识产权质押、股权质押等在内的多种金融产品;完善促进大学生创业的金融服务工作机制;加大对小微企业和"三农"的融资担保扶持力度,试点银保合作服务小微企业模式;积极组建农村商业银行,培育发展村镇银行,农村商业银行共组建966家,村镇银行共组建1377家;大力发展农村普惠金融,全面提升农村金融服务质效,加大对农民工创业贷款支持和服务力度;推动投贷联动试点工作,鼓励和推动银行业金融机构加强与其他金融机构、创业投资机构等外部金融机构的市场化合作。

2015年6月印发《国务院办公厅转发银监会关于促进民营银行发展指导意见的通知》(国办发〔2015〕49号),进一步鼓励和引导民间资本进入银行业,促进民营银行持续健康发展,为实体经济特别是中小微企业、"三农"和社区,以及大众创业、万众创新提供更有针对性、更加便利的金融服务。7月,中国人民银行、工业和信息化部10部门联合印发《关于促进互联网金融健康发展的指导意见》,从鼓励创新支持互联网金融稳步发展、分类指导明确监管责任、健全制度规范互联网金融市场秩序等三个方面提出了推进金融改革创新、对外开放、促进互联网金融健康发展的20条意见。8月,印发《国务院关于促进融资担保行业加快发展的意见》(国发〔2015〕43号),系统规划了通过促进融资担保行业加快发展,切实发挥融资担保对小微企业和"三农"发展以及创业就业的重要作用,把更多金融"活水"引向小微企业和"三农"。9月,先后印发《国务院办公厅关于加快融资租赁业发展的指导意见》(国办发〔2015〕68号)、《国务院办公厅关于促进金融租赁行业健康发展的指导意见》(国办发〔2015〕69号),以进一步促进融资租赁和金融租赁行业健康发展,创新金融服务,支持产业升级,拓宽中小微企业融资渠道,有效服务实体经济。

第三节　优化创业服务

良好的创业服务是提高创业成功几率的重要保障。政府部门高度重视为创业者提供全方面、专业化的创业服务,通过搭建双创支撑平台和双创公共服务平台,加强创业教育和培训,初步构建了涵盖社会市场类服务、园区平台类服务和政务类服务的创业服务体系。

一、推进"四众"支撑平台发展

印发实施《国务院关于加快构建大众创业万众创新支撑平台的指导意见》(国发〔2015〕53号),围绕全面推进众创、积极推广众包、立体实施众扶、稳健发展众筹等提出了13项重点任务,并从营造宽松发展空间、夯实健康发展基础、塑造自律发展机制和构建持续发展环境四个方面提出了17项政策措施,着力解决发展过程中面临的行业准入、信用环境、监管机制等问题,加快推动和系统指导众创、众包、众扶、众筹等新模式、新业态发展。

制定出台《国务院办公厅关于发展众创空间推进大众创新创业的指导意见》(国办发〔2015〕9号),对众创空间等新型孵化机构的房租、宽带接入费用和公共软件等给予适当财政补贴等一系列支持措施,加快构建一批低成本、便利化、全要素、开放式的众创空间。充分利用国家自主创新示范区、国家高新技术产业开发区、科技企业孵化器、小企业创业基地、大学科技园和高校、科研院所的有利条件,发挥行业领军企业、创业投资机构、社会组织等社会力量的主力军作用,推广创客空间、创业咖啡、创新工场等新型孵化模式。

启动运行了"创客中国"国家创新创业公共服务平台,为各类企业提供众包、众创服务。大力促进互联网金融健康发展,明确了互联网金融监管职责分工和各主要业态的具体监管要求。通过政府和公益机构支持、企业帮扶援助、个人互助互扶,搭建多样的双创平台,不仅吸引小微企业,也吸引很多大企业加入创业创新行列,引入众创、众包、众扶、众筹等平台,触发生产方式、管理方式变革。截至2015年底,全国共形成各类众创空间2300多个,国家创新创业公共服务平台已为十几家大型知名企业提供众包服务,为3000家小微企业、50家创客空间和上万名创客提供众创服务,激发亿万群众创造活力,集聚各类创新资源。

二、推进双创公共服务平台建设

加快推动跨部门、跨区域、跨行业涉及公共服务事项的信息互通共享、校验核对,建设信息互通与跨部门协同平台。建设商务公共服务云平台,为中小微企业提供商业基础技术应用服务。开展商品流通全流程追溯和查询服务,构建农副产品质量安全追溯公共服务平台,为小微企业提供找得着、用得起、有保障的服务。持续完善国家军民融合公共服务平台,发布军民融合相关信息1800余条。

大力推进中小企业公共服务平台网络建设,26余个省实现互联互通。加快建设小企业创业创新基地,首批95家国家小型微型创新创业示范基地名单公布。出台国家小型微型企业创业示范基地建设的管理办法,鼓励各地利用闲置的厂房和土地,以及在现有的工业园区等建立小企业创新创业基地,累计共认定了511家国家中小企业公共服务的示范平台。启动运行小微企业目录系统,小微企业扶持政策及实施的知晓度、精准度和透明度大幅提高,系统累计访问量已超过320万人次。推动中央企业建成84个创业创新孵化平台,为中小微企业提供资金、技术和服务支持。

进一步落实《国务院印发关于国家重大科研基础设施和大型科研仪器向社会开放的意见》(国发〔2014〕70号),按照科研设施与仪器功能实行分类开放共享,建立促进开放的激励引导机制,鼓励共享共用,促进科学仪器设备使用的社会化服务。

三、加强大学生创业教育和指导

印发《国务院办公厅印发关于深化高等学校创新创业教育改革的实施意见》(国办发〔2015〕36号),提出了完善人才培养质量标准,创新人才培养机制,健全创业创新教育课程体系,改革教学方法和考核方式,强化创业创新实践,改革教学和学籍管理制度,加强教师创业创新教育教学能力建设,改进学生创业指导服务,完善创业创新资金支持和政策保障体系等九大措施,深化高等院校创业创新教育环境。

在21个省(区、市)和98所中央部属高校深入推进创业创新教育改革,通过聘请行业优秀人才充实高校创业创新指导教师队伍,加快建设全国万名优秀创新创业导师人才库,推动建立健全创业指导服务机构,切实做到"机构、人员、场地、经费"四到位。修订普通高等学校学生管理规定,支持学生休学创业。在1420多所高校推动实施创业教育,相关导师达7600名。

四、支持农民工等人员返乡创业

出台《国务院办公厅关于支持农民工等人员返乡创业的意见》(国办发〔2015〕47号),提出了支持农民工、大学生和退役士兵等人员返乡创业的五方面政策措施,主要包括降低返乡创业门槛,放宽经营范围,减少返乡创业投资项目前置审批;落实定向减税和普遍性降费政策,符合政策规定条件的,可享受减征企业所得税、免征增值税、营业税等税费减免政策;加大财政支持力度,对符合条件的企业和人员,按规定给予社保补贴,具备享受支农惠农、小微企业扶持政策规定条件的纳入扶持范围,经工商登记注册的网络商户从业人员,同等享受各项就业创业扶持政策,未经工商登记注册的,可同等享受灵活就业人员扶持政策;强化返乡创业金融服务,运用创业投资类基金支持农民工等人员返乡创业,加快发展村镇银行、农村信用社和小额贷款公司,鼓励银行业金融机构开发有针对性的金融产品和金融服务,加大对返乡创业人员的信贷支持和服务力度,对符合条件的给予创业担保贷款;完善返乡创业园支持政策。

结合新型城镇化积极开展农民工等人员返乡创业试点,实施农民创新创业行动计划,开展农村青年创业富民行动,支持农民工开发农业农村资源,引导农民在农产品加工业和休闲农业领域创业,加大对农民工等返乡人员的创业培训力度,通过政府补贴对 72 万人次农民工进行创业创新培训,共培育新型职业农民 100 万人。实施大学生返乡创业行动,共培养返乡创业大学生 1.6 万人。

第四节 拓展创业机会

在信息技术深度应用与新一轮科技革命孕育兴起的趋势下,加快出台一系列战略和规划,促进"互联网+"、中国制造 2025、战略性新兴产业和服务业相结合,为创业创新拓展更大应用空间。

一、深入推进"互联网+"

出台《国务院关于积极推进"互联网+"行动的指导意见》(国发〔2015〕40 号),有力地推动了"互联网+"战略的落实,在培育新兴业态、激发创新活力等方面发挥了重要作用,互联网支撑大众创业、万众创新的作用进一步增强。进一步深化互联网与经济社会各领域的融合发展,推动互联网由消费领域向生产领域拓展,加速提升产业发展水平,增强各行业创新能力,构筑经济社会发展新优势和新动能,使基于互联网的新业态成为新的经济增长动力,基本形成网络经济与实体经济协同互动的发展格局。

国务院先后出台"互联网+"、云计算、大数据等政策文件。有关部门制订实施具体行动计划,大力推进电子商务示范基地、示范企业建设,100 家国家电子商务示范基地、155 家电子商务示范企业进入示范行列。积极发展跨境电子商务,在 12 个城市设立跨境电子商务综合试验区,并将先行试点的中国(杭州)跨境电子商务综合试验区初步探索出的相关政策体系和管理制度,向更大范围推广。加快建设中小商贸流通企业公共服务平台,29 个城市的服务平台已投入运行。

二、实施中国制造 2025

全面部署实施《中国制造 2025》和《增强制造业核心竞争力三年行动计划》，发挥"双创"优化存量和催生增量的积极效用，提升制造业创新发展能力，让制造业这一传统优势产业再度成为经济增长的强有力引擎，也为创业创新注入更强劲的动力。

《中国制造 2025》聚焦国家制造业创新能力提升，提出围绕产业链部署创新链，围绕创新链配置资源链，加强关键核心技术攻关，加速科技成果产业化，提高关键环节和重点领域的创新能力。强化企业技术创新主体地位，支持企业提升创新能力，推进国家技术创新示范企业和企业技术中心建设，充分吸纳企业参与国家科技计划的决策和实施。促进大中小企业协调发展，激发中小企业创业创新活力，发展一批主营业务突出、竞争力强、成长性好、专注于细分市场的专业化"小巨人"企业。发挥中外中小企业合作园区示范作用，利用双边、多边中小企业合作机制，支持中小企业走出去和引进来。引导大企业与中小企业通过专业分工、服务外包、订单生产等多种方式，建立协同创新、合作共赢的协作关系。推动建设一批高水平的中小企业集群。加强中小微企业综合服务体系建设，完善中小微企业公共服务平台网络，建立信息互联互通机制，为中小微企业提供创业、创新、融资、咨询、培训、人才等专业化服务。

三、加快发展战略性新兴产业和服务业

实施一系列产业政策，加快培育发展节能环保产业、新一代信息技术产业、生物产业、高端装备制造产业、新能源产业、新材料产业、新能源汽车产业等七大战略性新兴产业。特别是 2015 年，出台《关于改革药品医疗器械审评审批制度的意见》等一系列重磅级的支持政策和改革举措，进一步促进行业创业创新发展。

在服务业领域,国务院先后发布《关于加快发展养老服务业的若干意见》(国发〔2013〕35号)、《关于促进健康服务业发展的若干意见》(国发〔2013〕40号)、《关于加快发展生产性服务业 促进产业结构调整升级的指导意见》(国发〔2014〕26号)、《关于加快发展生活性服务业 促进消费结构升级的指导意见》(国办发〔2015〕85号),以及《关于加快实施自由贸易区战略的若干意见》(国发〔2015〕69号)等指导性文件,通过改革开放,不断放宽市场准入,营造有利于促进服务业领域创业创新的政策环境,使服务业成为个人创业创新初期较为集中的领域。

第五节 营造创业文化

创业创新文化是创新生态体系中的重要元素,厚植创业创新文化是激发全社会创新潜能和创业活力的有效途径。推进大众创业、万众创新,加强全社会以创业创新为核心的创业教育,弘扬"敢为人先、追求创新、百折不挠"的创业精神,厚植创业创新文化,不断增强创业创新意识,使创业创新成为全社会共同的价值追求和行为习惯。

一、举办双创活动周

2015年举办了首届"全国大众创业万众创新活动周",主题为"创业创新——汇聚发展新动能"。活动周在北京中关村国家自主创新示范区展示中心设立主会场,在上海、深圳、西安、成都、武汉、沈阳、合肥等城市分别设立分会场。李克强总理出席双创活动周启动仪式并发表重要讲话。张高丽等领导同志分别出席相关活动并参观主题展示。国务院20多个有关部门主要负责同志出席了活动周启动仪式,并通过高层论坛等各类活动解读和阐释国家政策。

本届活动周推出的主题展示,全面展现了我国进入双创新时代的风貌,双创活动中涌现出的代表人物和典型事迹,以及为双创活动提供支撑和服务的各类众创空间及公共服务平台,多角度、宽视野地宣传全国双创活动成果。主题展示分为双创新时代、双创新风采、双创新生态、双创梦工场和双创汇等五个部分,共展示112个项目,重点展现创业者的创业历程和创业成果,其中包括科技人员、青年和大学生、返乡人员、基层人员、外国人来华创业,以及海外留学归国创业人员代表,并展示了国家层面和各地政府出台的推动双创的一系列政策措施。

活动周期间,举办了大众创业万众创新高峰论坛、"双创交流汇——奔跑吧,创客"、第三届中国创业投资行业峰会、科技引领创新创业座谈会、"中国创翼"青年创新创业大赛总决赛、中国青年创新创业论坛、首届中国"互联网+"大学生创新创业大赛全国总决赛、中国国际中小企业博览会,世界众筹大会等多项活动。

北京、上海等8个分会场同步启动,地方党委政府主要负责同志出席启动仪式,分会场同时举办创业论坛、创新大赛、项目路演等活动,总数近200项,举行专题活动1000余场,共接待观众170余万人次。初步统计,地方分会场共举行专题活动800余场,接待观众近百万人次。地方分会场开展投资对接活动191场,签署合作协议494项,投资金额86.36亿元,达成合作意向967项,引进各类高层次人才1148人。

二、开展各类创业大赛

由科技部、教育部、财政部和全国工商联共同指导举办的中国创新创业大赛,至今已成功举办四届。优秀创业者们通过中国创新创业大赛的平台,可以获得国家创业创新扶持资金、相关合作银行给予的贷款授信,以及创业政策、创业融资、商业模式等方面的免费创业培训,股权托管中心、产权交易所和证券交易所等机构也为选手们免费提供并购、股改和上市等辅导培训,符合相关科技计划要求的创业企业和团队,国家还将给予优先支持。

分行业看,专门针对农业科技领域,中国农业科技创新创业大赛面向全球范围选拔农业科技创业创新企业,瞄准世界农业科技发展前沿,涵盖农业产业各个细分行业。针对互联网领域,教育部与有关部委和吉林省人民政府共同举办首届中国"互联网+"大学生创新创业大赛,激发大学生的创造力,培养造就"大众创业、万众创新"的生力军,推动赛事成果转化,促进"互联网+"新业态形成,服务经济提质增效升级,以创新引领创业、创业带动就业,推动高校毕业生更高质量创业就业。

按创业主体看,共青团中央、全国学联等针对青年群体共同举办"创青春"中国青年创新创业大赛,进一步深化"中国青年创业行动",在全社会营造理解、重视、支持青年创业创新的良好氛围,为青年创业创新提供有利条件,搭建广阔舞台,发现、培育一批走在"大众创业、万众创新"前列的青年创业创新人才。教育部、科技部针对留学生群体,已主办了10届"春晖杯"中国留学人员创新创业大赛,充分调动了海外优秀留学人员回国创业热情,鼓励海外留学人员积极申报创业创新项目,组织留学人员创业园、大学科技园、风险投资机构和国内企业家对项目进行评审、洽谈和择优颁奖,创造条件支持参赛者与留学人员创业园、大学科技园和企业进行项目对接,推动留学人员回国创办高新技术企业。据不完全统计,自赛事举办以来已有300多名入围项目的参赛留学人员顺利走上回国创业的道路,其中有超过20名留学人员已成功入选国家"千人计划"。

三、加强创业创新宣传

积极倡导敢为人先、宽容失败的创业创新文化,树立崇尚创新、创业致富的价值导向,大力培育企业家精神和创客文化,将奇思妙想、创新创意转化为实实在在的创业活动。加强各类媒体对大众创业创新的新闻宣传和舆论引导,报道一批创业创新先进事迹,树立一批创业创新典型人物,让大众创业、万众创新在全社会蔚然成风。

引导各类媒体加大对"四众"的宣传力度,普及"四众"知识,发掘典型案例,推广成功经验,培育尊重知识、崇尚创造、追求卓越的创新文化。中央和地方电视媒体推出大量以创业为主要内容的专题节目,中国政府网、中国网络电视台联合发起《发现双创之星》大型主题系列活动,通过"讲述双创好故事,展现中国好创意",为中国创客搭建思想交流的平台、创意诞生的褓襁、匠人技能的舞台、梦想实现的工场。在微信、微博等网络媒体上,出现了一大批有影响力公众号和讨论群组。国外媒体高度关注中国双创发展情况和政策措施,纷纷组织专题报道。国家信息中心大数据统计显示,94.3%的网民高度认可中央各项创业创新政策措施,在互联网主要媒体、论坛等与双创直接相关的话题达到 2000 万条。

第二章　创业服务

各级政府积极推进众创空间、科技企业孵化器等各类创业创新平台建设，为创业者提供创业导师、创业培训等特色服务，建立健全创业服务体系，有力推动了创业创新的蓬勃发展。

第一节　众创空间

一、众创空间快速发展

众创空间是顺应新科技革命和产业变革新趋势、有效满足网络时代大众创业创新新需求的新型创业服务平台。作为针对早期创业的重要服务载体，众创空间为创业者提供低成本的工作空间、网络空间、社交空间和资源共享空间，与科技企业孵化器、加速器、产业园区等共同组成创业孵化链条。通过创新与创业相结合、线上与线下相结合、孵化与投资相结合，众创空间以专业化服务推动创业者应用新技术、开发新产品、开拓新市场、培育新业态，成为众创、众包、众筹、众扶等新机制、新模式的试验田和聚集地。

自国务院办公厅印发《关于发展众创空间　推进大众创新创业的指导意见》以来，全国各地挖掘和培育的众创空间超过2300家，在科技部备案的已有136家，主要集中在北京、天津、上海、杭州、广州、深圳、成都等地区，形成了各具特色的发展模式。北京高校、院所和科技企业云集,在技术、人才、资本方面具有显著优势。依托中关村良好的创业创新生态,众创空间有效集聚了创业导师、天使投资人、创投机构、创业媒体等丰富的创业创新服务要素,吸引了以大学生为代表的创业"新四军"投身于创业创新,形成了以"互联网+"为显著特征的创业热潮。上海市政府在《科普事业"十二五"发展规划》中就提出在"十二五"期间建设 100 个面积不小于 100 平方米,配备 DIY 实验设备的"社区创新屋",鼓励普通市民开展创意和创新实践活动。部分众创空间定期举办创业创新公益活动,吸引了大量青年学生和社区居民参与创新创造。深圳拥有全球最完整的电子制造产业链,硬件创业者可以完成从"创意—原型产品—小批量生产"的全过程,不仅有效缩短了产品研发周期,还大大节约了制造成本。一批众创空间吸引和集聚了超过万人规模的硬件创业群体。贵州、成都、武汉等地的众创空间,也都在积极探索创业创新服务的新模式。

对 97 家众创空间开展的抽样调查显示,民营企业占被调研众创空间总数的 71.1%,国有企业占被调研众创空间总数的 14.4%,事业单位占被调研众创空间总数的 8.2%,社团组织占被调研众创空间总数的 1.0%,民办非企业单位占被调研众创空间总数的 5.2%。市场化机构成为建设众创空间的主力军。

从服务对象来看,个人创业者占被调研众创空间服务对象总数的 8.2%,创业团队占被调研众创空间服务对象总数的 55.7%,初创企业占被调研众创空间服务对象总数的 36.1%。由此可见,众创空间以服务创业团队和初创企业为主。

二、众创空间类型多样

众多群体参与创业创新活动为众创空间提出了多方面多层次的需求,这就要求各种众创空间采取多种模式和机制建立面向各类人群、各个产业的孵化平台。在抽样调查的众创空间中,开放办公交流型众创空间占被调研众创空间总数的 15.5%,创业投资服务型众创空间占被调研众创空间总数的 34.0%,创业教育培训型众创空间占被调研众创空间总数的 10.3%,创客服务型众创空间占被调研众创空间总数的 26.8%,企业开放创新型众创空间占被调研众创空间总数的 5.2%,其他众创空间占被调研众创空间总数的 8.2%。总体来看,较为典型的众创空间的运营和服务模式可以划分为以下几类:

一是开放办公交流型。这种类型由美国的 WeWork(联合办公模式)发展而来的,主要为自由职业者、创业者、初创企业等提供办公空间租赁服务。

二是创业投融资服务型。这类众创空间针对小微企业融资难、融资贵的问题,利用投资路演、互联网非公开股权融资、P2P 等新机制为创业者搭建便利、快捷的小额融资平台。

三是创业教育培训型。这类众创空间利用丰富的创业导师资源,通过培训辅导等方式提升创业者的综合素质,拓展创业者的人脉资源,提高创业创新效率和成功率。

四是专业技术领域型。这类众创空间针对新兴产业相关的某一技术领域,为科技型创业者提供专业的资源设备和科技服务,是众创空间中发展形态和水平较高的一种。

五是大企业开放创新平台型。这类众创空间依托大型科技企业建立,为内部员工和外部创业者提供研发设备、生产制造、市场渠道、资金支持等多方面资源,帮助创业者有效对接产业和市场。

六是创客服务型。这类众创空间主要为创客提供从创意到原型产品的制造过程,同时为创客群体提供一个交流思想、分享智慧的平台。典型案例如柴火创客空间。

七是星创天地。星创天地是将众创空间引向农业农村,以农业科技园区、新农村发展研究院、科技特派员服务站等为载体,由政府引导支持,企业和社会按照市场机制运作,利用线下孵化载体和线上网络平台,为科技特派员、农村中小微企业、返乡农民工、大学生等提供创意创业空间、创业实训基地,构建科技咨询、质量检测、科技金融、创业培训和辅导、管理、法律、财务等一站式开放性全方位新型综合服务体系。星创天地通过导师辅导、专题培训、主题交流等方式,让入驻的创业者边干边学、学以致用。从星创天地孵化器培养的农村创业者在实现自己创业梦的同时,也带动了周边农民、大学生、返乡农民工以及农业投资机构和企业深入农村创业创新。

第二节　科技企业孵化器

科技企业孵化器通过为新创办的科技型中小企业提供物理空间、基础设施支持,开展创业辅导、技术转移、人才引进、金融投资、市场开拓、国际合作等一系列服务,降低创业成本,提高创业成功率,助推科技创新,促进就业,创造税收,已成为促进科技成果产业化、培育科技企业和企业家的重要载体,成为"创新驱动、内生增长"的核心阵地,在加快高新技术产业化进程、优化我国产业结构、扩大内需、带动和促进国民经济健康、稳定、快速发展等方面发挥了重要作用,为推动大众创业、万众创新和建设创新型国家做出了积极的贡献。

一、科技企业孵化器发展成效斐然

从 1987 年我国第一家科技企业孵化器成立以来,我国的科技企业孵化器从无到有、从小到大,为我国高新技术产业发展做出了卓越贡献。近些年,孵化器事业更得到了长足的发展,建立了比较完整的孵化体系。科技企业孵化器无论在数量上还是质量上,都呈现出健康、蓬勃、规范、有序的发展势头,成为我国促进高新技术产业化、培育有竞争力企业和企业家的重要载体。

目前,在全国经济比较发达和科技资源较为丰富的地区,都建立了科技企业孵化器。其中,北京、上海、天津、江苏、浙江、山东、青岛、大连、武汉、合肥等省市正在实施孵化器覆盖各县区的发展计划;内蒙古、西藏创立的异地孵化器模式,已培育和引进了大批高新技术企业到本地产业化发展;安徽、河南、河北、湖南、湖北等中部地区和新疆、宁夏、内蒙古、广西等少数民族聚集区的孵化器发展势头迅猛,孵化效率和服务质量显著提升。

"十二五"期间,科技企业孵化器建设得到国家科技和教育、人社、财政、税务等部门以及社会组织的广泛认可和积极参与,社会基础进一步扩大。孵化器已成为落实创新发展战略,促进区域经济发展的新起点、新亮点和新的增长极。据科技部统计,截至2015年底,全国科技企业孵化器数量超过2500家,孵化面积超过8000万平方米,服务和管理人员队伍超过3万人,在孵企业超过10万家。经孵化的科技型中小企业约占全国科技中小企业1/3。

孵化毕业企业是中国本土高新技术企业的主要来源,并成为支撑国家高新技术产业化和地方经济发展的重要内生动力。截至2015年末,全国科技企业孵化器毕业企业超过6万家,毕业企业和就业人数均呈现增长趋势;毕业当年企业的平均销售收入超过2000万元,为注册资金的9倍以上,毕业后上市的企业超过200家。国家级科技孵化器的企业三年存活率超过80%,高于孵化器外10倍以上。

2015年,在孵企业总收入近4000亿元,R&D投入近300亿元,获得风险投资超过600亿元。在孵企业已累计获得知识产权超过15万项,其中发明专利近4万项。

孵化器内的创业人数超过150万,其中大专以上学历超过75%、留学回国人员超过2万人,留学生创办企业超过1万家。依托孵化器建设了149家大学生科技创业见习基地,有超过1万家大学生企业落户全国的孵化器,带动了数万大学生创业,创造了12万个就业岗位。

二、科技企业孵化器建设作用凸显

科技企业孵化器事业经过近三十年的发展,取得了举世瞩目的成就,已成为培育战略性新兴产业源头企业,培养高水平、高层次、高素质的创业团队,推动经济内生性增长,弘扬创业创新文化的重要载体和阵地。

1. 成为促进地方经济内生增长的重要动力

截至 2015 年底,纳入火炬统计体系的孵化器有近 2000 家,其中国家级孵化器 603 家,从地域上涵盖了全国所有的省、自治区、直辖市,部分地区正从中心城市或国家高新区向有条件的县区辐射,并成为各地区落实自主创新战略、区域经济发展的新起点、新亮点和新的增长极。江苏省汇报的数据显示,孵化器单位面积的工业总产值是国家高新区的 2 倍以上,就业人数是国家高新区的 6.4 倍,留学人员是国家高新区的 20 倍,授权发明专利是国家高新区的 31 倍;深圳孵化器毕业企业财税贡献逐年递增,孵化器毕业企业的税收占全市税收的 15%;浙江省嘉善县的孵化器从引进第一位博士创业,发展到几十家高技术企业集聚,促进了区域行政工作的机制创新和经济社会的进步发展。

2. 成为培育战略性新兴产业源头企业的主要载体

孵化器培育了众多高新技术企业,造就了大批战略性新兴产业源头企业。近些年,在孵企业和就业人数均呈现增长趋势,孵化企业的存活率仍超过 80%,高成长性企业达 30% 以上。2014 年毕业的8000 多家企业中,年收入超过 5000 万元的 1500 多家,被收购兼并的280 多家。

孵化毕业企业已成为国家高新区内高新技术企业的最主要来源。在百余家国家级高新区内新认定的高新技术企业中,60% 多来自孵化器毕业企业。孵化器培育的高新技术企业数量占所在国家高新区内总数的比例，昆明为62%、天津为51%、兰州为46.2%、青岛为42.5%。合肥市的孵化器培育的高新技术企业也超过全市总数的1/3。

孵化器已经成为战略性新兴产业的发源地。孵化器的大批毕业企业已成为我国科技型中小企业的杰出代表，在不同的产业领域发挥创新引领作用，并成为国家培育和发展战略性新兴产业的源头力量。

3. 成为发挥企业技术创新主体作用、培育重大科技成果的展示窗口

孵化器内申请知识产权保护的企业超过90%，获得专利达到60%，其中发明专利和软件著作权超过40%。

4. 成为吸引和培养高水平创业人才和团队的重要摇篮

孵化器形成的创业服务体系，已成为大学生和留学生成功创业带动就业的摇篮。孵化器内的创业团队超过150万人，大专以上学历的职工人数超过75%，受过高等教育的员工比例为国内各产业和行业之首。此外，孵化器已成为高层次留学人员回国创业发展的集聚地、科技企业家的成长地。有超过700名国家"千人计划"创业类人才来自于孵化器内企业。

同时，依托孵化器启动的大学生科技创业见习基地试点工作，推动了科技资源匮乏的地区的孵化器与大学、研究院所的战略合作，减轻了大城市的大学生就业压力，促进了城乡社会的和谐发展。已有上万家大学生企业落户全国孵化器，带动数万大学生创业，直接创造10多万个就业岗位。

5. 成为在国内外弘扬和宣传创业文化的重要阵地

几乎所有国家，尤其是发展中国家，都对中国孵化器的发展及其经验极感兴趣。孵化器已经培训了美国、法国、俄罗斯等50多个国

家超过 2000 名孵化器管理人员,包括罗马尼亚孵化器创始人、印度孵化器协会领导人、中东和非洲孵化器网络的牵头人。同时,也吸引了法国、日本、以色列等国的外籍高技术人才来华创业。中国孵化器模式得到了普遍认可、推广和传播。我国科技企业孵化载体和孵化企业的数量和规模已经成为世界第一,孵化质量也在亚太地区领先。

科技企业孵化器作为培育科技型企业的摇篮,既是科技成果转化和技术创新的推动者,更是科技型创业企业的文化导师和创业创新文化氛围的缔造者,是区域创业创新文化建设的中坚力量。创业创新文化氛围是使创业精神得到充分发挥的文化环境,是科技创业者创业过程中不可或缺的关键因素。孵化器弘扬“鼓励创业、宽容失败、崇尚成功”的创业文化,营造了良好的社会环境和创业氛围。

三、多种孵化载体共同发展各具特色

除众创空间和科技企业孵化器以外,创业孵化链条、国家大学科技园等其他形式的创业创新孵化载体也适应不同创业群体的需要,乘大众创业、万众创新的东风,获得了迅猛发展。例如,小企业创业基地目前已有近 1700 家,入驻企业超过 12 万户,提供就业岗位 420 多万个。

1.“创业苗圃+孵化器+加速器”科技创业孵化链条

近年来,全国各地兴起了一股“创业苗圃+孵化器+加速器”载体建设的热潮。各地纷纷将孵化服务向前延、向后伸,打造了一条覆盖入孵企业技术创意、产品实现到产业化实施各个阶段的孵化服务链。目前已有 41 家国家级科技创业孵化链条建设示范单位。围绕孵化链条建设,涌现出“创业媒体+天使投资+创业活动”“概念验证”等多样化服务,以投融资服务、创业培训等为核心的专业服务,以及“一器多基地”等集成化服务。科技孵化链条建设带动服务价值和服务效率大幅度提升,孵化器服务收入占总收入比重达 31.1%,获孵化基金投资的在孵企业数量占在孵企业总数所占比例高达40%，累计获得创业投资约545亿元。

创业苗圃代表孵化环节的前置，更加注重天使投资、团队组建、展示交流、集中办公、创业辅导、政策咨询等创业早期服务，北京、上海、深圳、武汉、成都成为国内五大创业苗圃发展高地。

孵化器通过树立加速器，能够最大程度地满足毕业企业对生产空间和经营发展的需求，提升毕业企业对技术与市场风险的控制力，加速企业做大做强；又能够通过市场化的商业服务实现孵化器利益回报，弥补对创业企业无偿性服务的资金亏空。加速器的树立拓展了增值服务，集聚了毕业企业，展示了孵化成效，吸引了风险投资，并不断地培育和发掘上市企业。

2. 国家大学科技园

国家大学科技园是以具有较强科研实力的大学为依托，将大学的综合智力资源优势与其他社会优势资源相结合，为高等学校科技成果转化、高新技术企业孵化、创业创新人才培养、产学研结合提供支撑平台和服务的机构。国家大学科技园是国家创新体系的重要组成部分，是中国特色高等教育体系的重要组成部分；是创新驱动发展的重要基地、产学研合作的示范基地、高校师生创业创新的实践基地、战略性新兴产业的培育基地。

截至2014年底，全国共有国家大学科技园115家。国家大学科技园的建设和发展取得显著成效，据对其中113家国家大学科技园统计，共拥有园区场地面积802万平方米，其中孵化用房390万平方米、研发用房99万平方米、生产用房181万平方米；孵化基金总额11.1亿元；管理机构从业人员2804人。大学科技园有在孵企业9972家，其中当年新入孵企业2828家，师生自办企业2925家，高新技术企业784家；在孵企业共有从业人员16.3万人，其中大专以上从业人员占比87.6%；2014年在园企业接纳应届毕业生1.6万人。

截至 2014 年底，累计毕业企业 7192 家，其中上市企业 52 家，2014 年毕业企业 976 家。

2014 年，113 家国家大学科技园在孵企业承担各级各类计划项目 2696 项，其中国家级项目 357 项；在孵企业申请专利 12610 项，其中发明专利 5525 项；获得专利 6681 项，其中发明专利 2199 项，购买国外专利 168 项；在孵企业转化科技成果 6213 项，转化高校科研成果 2913 项，在孵企业总收入 361 亿。

第三节　创业辅导与培训

一、创业导师队伍逐步壮大

为解决广大中小微企业创业成长的难题和迫切需求，以上千家科技企业孵化器为工作网络结点，启动实施了"中国火炬创业导师行动计划"，形成创业导师团队，以一对一、一对二的辅导方式，悉心培育科技型中小企业和创业企业家。火炬创业导师队伍包括企业家，创业投资、风险基金领域专家，银行、金融领域专家，咨询、财务、法律等中介机构领域专家，大学创业学教授及科技领域经验丰富的实践工作者等。目前全国共备案火炬创业导师 1000 余人。2015 年还积极推动北京市成立了创业导师志愿服务团，并联合部分天津市的创业导师，赴河北省开展"创业导师河北行"活动。通过京津冀三地导师创业故事分享会、实地考察等形式，加快推进京津冀协同创业创新，拓宽了合作渠道、提升了合作水平。北京市的创业导师志愿服务团还赴贵阳开展创业辅导活动。

此外，各高校着重提高教师创业创新教育意识和能力。推动高校配齐配强创业创新教育与创业就业指导专职教师队伍，聘请各行各业优秀人才担任创业创新教育兼职教师，启动了全国万名优秀创新创业导师人才库建设工作。充分发挥国家级教师教学发展中心引领示范作用,继续推动高校普遍建立教师教学发展中心。开展教师创新创业教育专项培训。支持教师获得校外工作、研究、实践经历,支持创业创新教育教师到行业企业挂职锻炼。目前,大部分高校聘请了一批知名科学家、创业成功者、企业家、风险投资人等各行各业优秀人才,担任专业课、创业创新课授课或指导教师。

二、创业服务人员素质不断提高

高水平的创业需要高素质的创业服务人员。加强对创业服务从业人员的培训,提高他们的业务水平与服务能力,是推进大众创业创新发展的有力保障。

全面开展对科技企业孵化器内从业人员的培训工作。培训工作以"政府引导,行业推动,地方为主"为原则,充分发挥行业协会和地方专业机构的作用。国家层面负责对全国科技企业孵化器从业人员培训工作进行指导和协调,并委托孵化器行业权威机构统一制定大纲、统一编撰教材、统一建立师资库、统一进行考试。设在各个省区市的培训机构具体负责学员培训的组织和管理工作。学员经考试合格后,由国家级行业协会颁发《科技企业孵化器从业人员资格证书》,并进行统一建档备案。截至 2015 年底,全国共设立 26 个培训机构,培训人员超过 1 万人。已连续开展十余期孵化器主任培训班,每期培训均有百人以上规模,总计培训孵化器中高级管理人员千人以上。

地区性培训工作也开展得十分活跃,上海、浙江、江苏的孵化器协会轮流牵头的长三角孵化器从业人员培训班从 60 余人发展到 150 余人;武汉孵化器协会与市科技局、人社局共同推动孵化器职业资质上岗培训;大连孵化器协会连续两年与美国 NBIA 共同举办美国孵化器协会孵化器从业人员培训班;西安创新创业园依托 APEC

会议,举办孵化器从业人员的培训等。广西、甘肃、宁夏及部分县市均开展不定期的孵化器从业人员及科技工作人员的孵化器理论与实践的培训工作。

三、创业教育和培训广泛开展

对创业者的教育与培训是提高创业者素质和能力的重要途径,也是提升大众创业创新水平的重要手段。在推进大众创业创新的过程中,国家也十分重视对创业者的教育与培训。

在创业教育方面,一是启动了普通高中课程标准修订工作,将创新教育内容和要求融入德育、技术等相关学科课程标准中。二是修改完善本科专业类教学质量国家标准,在培养目标、能力要求、课程设置等章节,明确了创业创新教育目标,落实了设置创业创新必修课选修课等要求。三是要求各地各高校将深化创业创新教育改革作为重要内容纳入综合改革方案,目前已有21个省(区、市)和98所中央部委属高校完成了方案编制工作。四是2015年4月正式印发了《关于加强高等学校在线开放课程建设应用与管理的意见》(教高〔2015〕3号),对加强创业创新教育在线开放课程建设提出要求。五是在主要课程平台上线29门创业创新教育在线课程,合计选课达51万余人。

在创业培训方面,人力资源和社会保障部办公厅2015年12月制定出台了《关于进一步推进创业培训工作的指导意见》,明确了创业培训的对象、内容、制度建设、课程开发、师资队伍建设、培训机构管理、培训与服务对接等具体要求。全年共组织创业师资培训班274期,派遣创业培训师548人次,培训创业培训讲师8000余人,为各地创业培训工作开展提供了有力支撑。支持各地公共服务机构与市场主体合作,利用创业实训网络平台开展模拟创业训练,开设公益性创业培训课程,为创业者提供多层次、模块化培训服务。农业部

2015 年共培训返乡创业人员 1.83 万名,开展职业技能培训鉴定近 40 万人次,培育新型职业农民 100 万人,培训农场 4000 人次,培训 5000 人次农民网上创业人员。在 10 个省 22 个县开展信息进村入户试点工作。

此外,在中国创新创业大赛等赛事的举办过程中,针对参赛企业和团队的需求,开展了上百场论坛、沙龙和专题培训活动,培训上万名创业者,为提高创业创新者的素质和能力发挥了积极作用。

第三章　创业融资

近年来,各级政府加强财政资金引导,积极促进社会资金支持创业创新。在政府的大力引导和推动下,天使投资、创业投资爆发式增长,社会资金大量涌向创业企业,中国成为仅次于美国的世界第二大创业投资集聚地。随着多层次资本市场体系的不断完善,创业创新融资环境明显改善,企业融资渠道和方式更加多样化。

第一节　政府引导基金和融资担保

为拓宽推动创业投资资金供给渠道,各级政府综合运用引导基金、融资担保等方式,引导和推动社会资金投向创业企业特别是种子期和初创期企业。

一、引导基金带动作用凸显

近年来,政府对创业投资领域的支持方式有所改变,财政补贴、税收优惠等直接扶持方式的运用逐渐减少,转而运用引导基金的运作模式,通过阶段参股、跟进投资、风险补偿等方式,引导社会资金进入国家重点鼓励和支持的创业投资领域,发挥财政资金"四两拨千斤"的放大作用,实现引导资金有效回收和滚动使用。

政府引导基金规模大幅扩大。在国家和地方各项政策的积极推动下,政府引导基金进入一个快速发展的历史时期,基金数量和规模大幅扩大。截至 2015 年末,我国共成立 780 支政府引导基金,已披露的基金总目标规模达 21834 亿元。其中,2015 年新设 297 支政府引导基金,已披露的总目标规模达 15090 亿元,实际募集资金已达 4254 亿元(见图 3-1),分别是 2014 年的 2.8 倍、5.2 倍和 2.3 倍。政府引导基金发展在一定程度上改善了创投市场的资本来源问题,更是对带动社会资金进入创业投资及新兴产业,破解创新型中小企业融资难题发挥了有利作用。

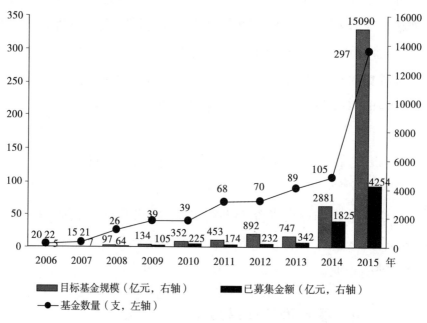

图 3-1 2006—2015 年政府引导基金设立和募资情况

政府引导基金向市场化全面升级。2014 年 5 月,国务院常务会议明确要求建立和完善政府引导基金的市场化运行长效机制。2015 年 1 月,国务院常务会议强调新设立的国家新兴产业创业投资引导基金实行市场化运作、专业化管理,公开招标择优选定若干家基金管理公司负责运营、自主投资决策。各地政府也出台相应政策,提出引导基金要以市场化运作为基本原则。在政策和市场竞争的推动下,政府引导基金在基金设立、项目筛选、投后管理、激励机制、退出方式等环节的市场化程度提高,更好体现了政府主导与市场化运作的有机结合。

二、融资担保体系助力创业融资

在一系列财税扶持政策的激励和引导下,省、地市、县(市)分别成立了一批以财政出资为主、服务于小微企业和"三农"的政策性担保机构,与此同时,大量社会资本投资设立融资担保机构,初步形成政策性担保与商业性担保互补、直接担保与再担保联动的融资担保体系。截至 2014 年末,融资性担保法人机构达 7898 家,其中国有控股担保机构占全部机构数量的比例约 26%;中小微企业融资担保贷款余额 1.28 万亿元,25 万多户中小微企业获得贷款担保服务。2015 年,国务院出台《关于促进融资担保行业加快发展的意见》,提出研究设立国家融资担保基金,推进政府主导的省级再担保机构基本实现全覆盖,构建国家融资担保基金、省级再担保机构、辖内融资担保机构的三层组织体系。上述政策和举措明确了融资担保体系的发展方向和路径,进一步优化了融资担保机构生存与发展的生态环境,给融资担保行业带来崭新的发展机遇。可以预见,随着新型融资担保机构体系的逐步建立和完善,加之政策扶持体系、监管制度体系的相互配套,融资担保体系将更好地发挥风险分散与补偿作用,为小微企业、"三农"和广大创业者提供更低成本、更便捷、更全面的融资担保服务。

第二节　天使投资

在国家鼓励创业创新的政策驱动下,天使投资市场活跃度持续加温,投资主体日趋多元化,投融资规模持续增长。

一、投资主体日趋多元化

天使投资人背景趋向多元化。目前,个人投资者仍是天使投资的主要参与主体,但投资者背景的多元化特征比较明显。2014年以来,演艺界人士、职业经理人等人群纷纷加入天使投资人行列,个人天使投资群体日趋庞大。值得关注的是,许多曾经成功获得天使轮或A轮融资的创业者加入天使投资人的行列中,他们将闲置资金注入天使投资机构,或直接投资处于种子期的项目,使得创业与投资之间初现循环更迭效应。

天使投资向机构化转型。为能够更大限度地聚拢资源,提升资金实力,不少天使投资人组建成立天使投资机构,天使投资正从过去的个人行为逐步向规模化、机构化转型。截至2015年底,我国天使投资机构超350家(活跃的天使机构超150家),管理资本量超过600亿元。

二、募资规模爆发式增长

2015年,我国天使投资市场共新募集完成124支基金,较2014年增长217.9%;总募集资金约204亿元,比2014年增长204.5%(见图3-2)。无论新募基金数量还是募资金额,均创历史新高,特别是募资规模迅猛扩大,全年募资额已超过去7年累计值。

三、对外投资规模大幅增长

据专业机构统计,2015年我国共发生2075起天使投资案例,同比增长170.9%;披露总投资额约102亿元,同比增长218.8%(见图3-3),投资规模和案例数量均实现翻番,延续了2014年的活跃态势。

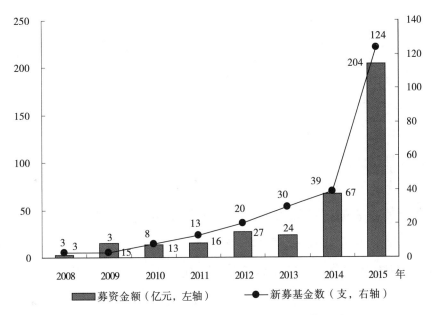

图 3-2　2008—2015 年我国天使投资机构募资情况

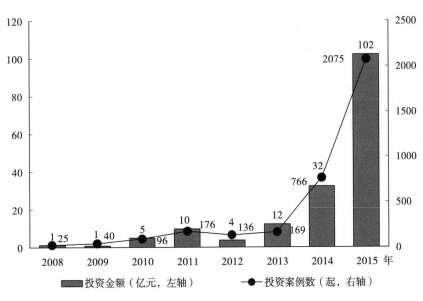

图 3-3　2008—2015 年我国天使投资机构投资情况

四、投资领域集中于互联网和信息技术行业

我国天使投资行业分布较为集中。统计数据显示,互联网、电信及增值业务和信息技术行业最受天使投资者的青睐。2015年,互联网、电信及增值业务、信息技术行业分别获天使投资机构投资1030、327、181起,占全部案例数的比重分别为49.64%、15.76%、8.72%;获投金额分别为51.00亿、13.12亿、9.20亿元,在披露投资总额中的占比分别达到50.06%、12.88%、9.03%(见表3-1)。

天使投资偏好的互联网细分行业逐渐多元化。互联网相关行业获投金额常年位居第一,其具体细分行业也逐渐多元化,例如互联网金融,在线旅游服务,在线餐饮服务,线上线下服务融合(O2O),等等。总体看,上述互联网细分行业属于轻资产型行业,企业所需资金规模较小,成长性好、未来发展空间较大,并且容易获得后轮跟进融资,因而吸引了天使投资的高度关注。

表3-1　2015年我国天使投资行业分布情况

行业 (一级)	案例数	比例	案例数 (披露金额)	投资金额 (亿元)	比例
互联网	1030	49.64%	983	51.00	50.06%
电信及增值业务	327	15.76%	294	13.12	12.88%
信息技术	181	8.72%	168	9.20	9.03%
金　融	110	5.30%	102	7.51	7.37%
娱乐传媒	61	2.94%	60	1.70	1.67%
生物技术/医疗健康	47	2.27%	45	3.63	3.56%
机械制造	32	1.54%	31	2.34	2.30%
连锁及零售	25	1.20%	25	1.33	1.31%
电子及光电设备	21	1.01%	19	0.99	0.97%
物　流	18	0.87%	17	1.85	1.82%
教育与培训	15	0.72%	12	1.35	1.33%
房地产	11	0.53%	11	1.55	1.52%

行　业 （一级）	案例数	比例	案例数 （披露金额）	投资金额 （亿元）	比例
汽　车	11	0.53%	11	1.43	1.40%
清洁技术	10	0.48%	10	0.37	0.36%
食品＆饮料	7	0.34%	7	0.22	0.22%
化工原料及加工	7	0.34%	7	0.34	0.33%
纺织及服装	3	0.14%	3	0.11	0.11%
农/林/牧/渔	2	0.10%	2	0.05	0.05%
半导体	1	0.05%	1	0.04	0.04%
能源及矿产	1	0.05%	1	0.09	0.09%
其　他	20	0.96%	18	0.63	0.62%
未披露	135	6.51%	112	3.02	2.96%
合　计	2075	100%	1939	101.88	100%

五、投资区域逐渐向京沪深以外地区延伸

北京、上海、深圳是我国天使投资最活跃的地域。根据已披露的数据,北京地区共发生 902 起投资案例,在全部已披露投资案例中的占比达 43.47%,涉及投资金额 43.41 亿元,明显高于其他地区。紧随其后的上海和深圳分别发生 341、185 起投资案例,各占比 16.43% 和 8.92%,涉及投资金额分别为 14.89 亿、9.46 亿元(见表 3-2)。

浙江、广东等东部发达地区的天使投资迅猛发展。2015 年,在天使投资引导基金的带动下,许多天使投资机构进驻浙江省的杭州、宁波等地,加上成功创业者、职业经理人等当地大批高净值者进入天使投资市场,浙江省天使投资发展迅猛。据专业机构统计,浙江省发生 184 起投资案例,涉及投资金额 10.91 亿元,投资数量和金额均比 2014 年大幅增长,分别占全国的 8.87% 和 10.71%。此外,广东(除深圳)也是天使投资较活跃的地区,2015 年共发生 105 起投资案例,涉及投资金额超 6 亿元。

中西部地区的天使投资日趋活跃。由于东部发达地区天使投资市场竞争日趋激烈,项目挖掘难度加大,天使投资者加大了对中西部地区的项目开发。2015 年,四川、陕西等地均发生数十起天使投资案例,显示天使投资区域覆盖面较以往扩大。

表 3-2　2015 年我国天使投资地域分布情况

地　域	案例数	比例	案例数 (披露金额)	投资金额 (亿元)	比例
北　京	902	43.47%	844	43.41	42.61%
上　海	341	16.43%	325	14.89	14.62%
深　圳	185	8.92%	175	9.46	9.29%
浙　江	184	8.87%	161	10.91	10.71%
广东(除深圳)	105	5.06%	100	6.06	5.95%
四　川	66	3.18%	61	2.26	2.22%
江　苏	62	2.99%	52	3.63	3.56%
陕　西	33	1.59%	33	1.63	1.60%
福　建	31	1.49%	25	1.00	0.98%
湖　北	16	0.77%	16	1.61	1.58%
重　庆	12	0.58%	11	0.7	0.69%
江　西	11	0.53%	11	0.28	0.27%
安　徽	10	0.48%	10	0.72	0.71%
山　东	8	0.39%	8	0.22	0.22%
湖　南	8	0.39%	6	0.47	0.46%
天　津	5	0.24%	5	0.80	0.79%
河　北	3	0.14%	3	0.11	0.11%
河　南	3	0.14%	3	0.04	0.04%
辽　宁	3	0.10%	3	0.06	0.06%
山　西	2	0.10%	2	0.06	0.06%
黑龙江	1	0.05%	1	0.01	0.01%
内蒙古	1	0.05%	1	0.1	0.10%
云　南	1	0.05%	1	0.01	0.01%
海　南	1	0.05%	1	0.04	0.04%
甘　肃	1	0.05%	1	0.01	0.01%
其　他	51	2.46%	51	2.57	2.52%
未披露	29	1.40%	29	0.81	0.80%
合　计	2075	100%	1,939	101.88	100%

第三节　创业投资

随着创业投资相关扶持政策陆续出台,我国的创业投资体制机制逐步得到完善,创业投资进入持续快速发展轨道,大量资金涌入我国创业投资领域,创业投资机构募资金额和投资规模均创下历史新高,有力支持了创业企业的早期股权融资需求。

一、机构数量大幅增加

2014 年以来,创业投资市场重新呈现快速发展的态势,机构数量大幅增加。据有关专业机构统计,截至 2015 年底,我国私募股权投资市场中活跃的投资机构超过 8000 家,管理资本量超过 5 万亿元。其中,创业投资机构数量超过 2800 家(活跃的创业投资机构超 1000 家),管理资本量超过 1 万亿元。

二、募资总量创历史新高

创投机构投资人继续壮大,创投基金新募资规模创历史新高。据统计,2015 年,创业投资机构新募集 597 支投资于中国大陆的基金,较 2014 年增长 131.4%,其中披露金额的基金新募资约 1996 亿元,较 2014 年增长 70.7%(见图 3-4)。

三、"互联网+"领域倍受关注

投资金额和案例数保持快速增长势头。据专业机构统计,2015 年,我国创业投资机构共发生 3445 起投资案例,较 2014 年增加 79.7%,披露的投资金额达 1293 亿元,较 2014 年扩大 24.6%(见图 3-5)。

创业投资集中于"互联网+"领域。根据对我国创业投资机构的

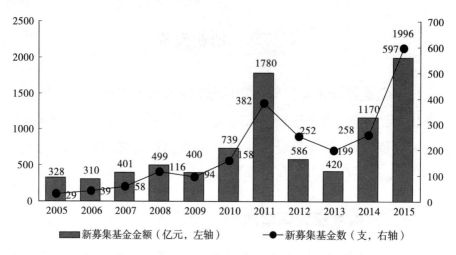

图 3-4 2005—2015 年我国创业投资机构募资情况

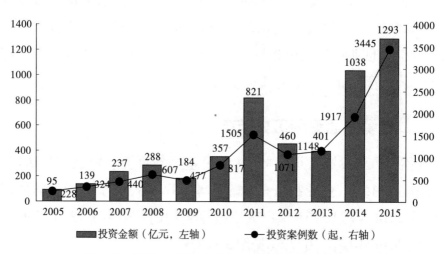

图 3-5 2005—2015 年我国创业投资机构投资情况

投资行业分布情况分析(见表 3-3),2015 年我国创业投资主要分布于 22 个行业,其中,互联网、电信及增值业务、信息技术行业发生的投资案例数位居前三位,三者合计达到 1973 起,占全部案例数的 57.3%,披露投资金额合计约 684 亿元。在互联网行业 1051 起投资案例中,582 起发生于网络服务领域,371 起发生于电子商务领域;电信及增值业务行业 481 起投资案例中,445 起发生于无线互联网服务领域。可见,"互联网+"领域仍是创投机构的投资热点。

表 3-3 2015 年我国创业投资行业分布情况

行 业	案例数	比例	案例数 (披露金额)	投资金额 (亿元)	比例	平均投资额 (亿元)
互联网	1051	30.5%	929	396.94	30.7%	0.43
电信及增值业务	481	14.0%	411	190.13	14.7%	0.46
信息技术	441	12.8%	403	97.16	7.5%	0.24
生物技术/医疗健康	310	9.0%	294	143.80	11.1%	0.49
金 融	243	7.1%	216	120.60	9.3%	0.56
机械制造	166	4.8%	159	52.72	4.1%	0.33
电子及光电设备	124	3.6%	117	41.44	3.2%	0.35
娱乐传媒	117	3.4%	107	41.96	3.2%	0.39
清洁技术	114	3.3%	108	26.62	2.1%	0.25
化工原料及加工	69	2.0%	67	20.17	1.6%	0.30
连锁及零售	39	1.1%	34	33.86	2.6%	1.00
建筑/工程	33	1.0%	32	18.16	1.4%	0.57
农/林/牧/渔	32	0.9%	30	6.44	0.5%	0.21
物 流	28	0.8%	25	13.41	1.0%	0.54
汽 车	22	0.6%	22	34.42	2.7%	1.56
食品＆饮料	20	0.6%	17	7.06	0.5%	0.42
能源及矿产	18	0.5%	17	5.23	0.4%	0.31
教育与培训	18	0.5%	15	4.83	0.4%	0.32
房地产	16	0.5%	15	5.20	0.4%	0.35
半导体	11	0.3%	10	2.26	0.2%	0.23
纺织及服装	8	0.2%	7	6.45	0.5%	0.92
广播电视及数字电视	3	0.1%	3	0.40	0.0%	0.13
其 他	55	1.6%	52	11.22	0.9%	0.22
未披露	26	0.8%	23	12.85	1.0%	0.56
合 计	3445	100%	3113	1293.34	100%	0.42

四、投资阶段向种子期和初创期前移

据统计(见表3-4),2015年创投机构投资于种子期的案例数占22.3%,投资于初创期的案例数占32.6%,二者合计达到54.9%,比2013年提高了11.5个百分点,反映出创业投资阶段进一步向种子期和初创期前移,更好满足了创业企业的早期融资需求。从投资强度分析,种子期和初创期等早期项目的平均投资额分别为0.19亿元和0.35亿元,明显少于扩张期和成熟期项目。由于单个项目的平均投资额小,获创投机构投资支持的种子期和初创期项目虽然数量多,但投资总规模不大,根据已披露金额测算,2015年二者所获投资合计约占创投机构对外投资总额的37.2%。

表3-4 2015年我国创业投资阶段分布情况

投资阶段	案例数	比例	案例数（披露金额）	投资金额（亿元）	比例	平均投资额（亿元）
种子期	768	22.3%	679	129.92	10.0%	0.19
初创期	1122	32.6%	1018	352.30	27.2%	0.35
扩张期	963	28.0%	866	412.14	31.9%	0.48
成熟期	484	14.0%	450	371.21	28.7%	0.82
未披露	108	3.1%	100	27.76	2.1%	0.28
合　计	3445	100%	3113	1293.34	100%	0.42

五、投资区域集中于东部发达地区

创业投资机构对外投资的地域分布依旧集中在东部发达地区。凭借政策和资源优势,北京市仍是创投机构最青睐的城市。据专业机构统计,2015年,北京市发生1042起创投案例,占全部案例数的30.2%,获得投资额达430多亿元,占创投机构已披露对外投资总额的33.32%。紧随其后的上海市和深圳市,全年分别发生601起和

357 起投资案例,各获得超过 250 亿元和 130 亿元的创投资金。发生在以上三个城市的投资案例数合计占比 58.0%,涉及投资额占比 63.42%。浙江省创投市场活跃度明显提高,全年发生 289 起投资案例,占全部创投案例数的比重从 2014 年的 5.0% 上升至 8.4%;根据已披露金额统计,浙江省企业获得创投机构投资近 100 亿元,占创投机构已披露对外投资总额的比重从 2014 年的 4.5% 上升至 2015 年的 7.66%。

表 3-5　2015 年我国创业投资地域分布情况

地　域	案例数	比例	案例数（披露金额）	投资金额（亿元）	比例	平均投资额（亿元）
北　京	1042	30.2%	909	430.93	33.32%	0.47
上　海	601	17.4%	538	257.77	19.93%	0.48
深　圳	357	10.4%	326	131.52	10.17%	0.40
浙　江	289	8.4%	259	99.07	7.66%	0.38
江　苏	258	7.5%	247	96.04	7.43%	0.39
广东(除深圳)	228	6.6%	209	45.79	3.54%	0.22
湖　北	100	2.9%	98	12.04	0.93%	0.12
四　川	84	2.4%	81	16.92	1.31%	0.21
福　建	77	2.2%	69	13.99	1.08%	0.20
山　东	52	1.5%	49	12.78	0.99%	0.26
湖　南	40	1.2%	38	30.36	2.35%	0.80
陕　西	38	1.1%	35	8.00	0.62%	0.23
安　徽	34	1.0%	33	14.02	1.08%	0.42
天　津	30	0.9%	29	14.95	1.16%	0.52
河　南	30	0.9%	28	6.92	0.54%	0.25
辽　宁	19	0.6%	18	11.54	0.89%	0.64
江　西	16	0.5%	15	10.50	0.81%	0.70
重　庆	14	0.4%	13	12.43	0.96%	0.96
香　港	13	0.4%	11	5.55	0.43%	0.50

地　域	案例数	比例	案例数 （披露金额）	投资金额 （亿元）	比例	平均投资额 （亿元）
黑龙江	10	0.3%	10	3.13	0.24%	0.31
河　北	10	0.3%	9	1.16	0.09%	0.13
吉　林	9	0.3%	9	23.39	1.81%	2.60
贵　州	8	0.2%	7	1.50	0.12%	0.21
云　南	6	0.2%	6	1.48	0.11%	0.25
山　西	6	0.2%	6	2.68	0.21%	0.45
甘　肃	5	0.1%	5	1.30	0.10%	0.26
新　疆	4	0.1%	4	4.19	0.32%	1.05
广　西	3	0.1%	3	0.09	0.01%	0.03
内蒙古	3	0.1%	3	1.05	0.08%	0.35
青　海	2	0.1%	2	2.09	0.16%	1.05
台　湾	2	0.1%	2	0.63	0.05%	0.32
海　南	2	0.1%	2	0.12	0.01%	0.06
宁　夏	2	0.1%	2	0.30	0.02%	0.15
未披露	51	1.5%	38	19.10	1.48%	0.50
总　计	3445	100%	2819	1293.34	100%	0.46

第四节　资本市场

目前,我国已初步形成由主板、中小板、创业板、新三板和区域性股权市场构成的多层次资本市场体系,在调结构、助创新、引导资源配置等方面发挥了重要作用。资本市场与多层次企业融资需求之间更加匹配,融资功能凸显,为融资需求旺盛、融资约束显著的创业企业拓宽了直接融资渠道,也降低了融资成本。同时,近万家的私募股权投资机构和越来越多的天使投资者,与多层次资本市场体系之间形成良性互动,投资退出渠道不断拓宽。

一、首次公开发行(IPO)成为创业融资和机构投资退出的重要渠道

创业企业积极上市融资。2015 年,308 家中国企业完成海内外上市,其中 219 家企业选择在国内的创业板、中小板、主板上市,融资规模达 1586.14 亿元,平均融资额约 7.24 亿元。其中,私募股权投资机构(含天使投资、创业投资机构)参与投资的企业 151 家,占 IPO 数量的 68.9%,融资总额 1145.21 亿元,占 IPO 融资总额的 72.2%。国内 IPO 上市的 219 家企业中,在创业板上市的企业 86 家,融资总额 314.87 亿元,其中私募股权投资机构参与投资的企业达到 61 家,占 70.9%;通过中小企业板上市的企业 44 家,融资总额 184.37 亿元,其中私募股权投资机构参与投资的企业 28 家,占 63.6%。

天使投资支持企业主要选择在创业板首次公开发行股票。2015 上半年,IPO 审批加速,加快了天使投资支持企业登陆二级市场的进度,如暴风科技、迅游、中文在线等互联网企业陆续成功登陆创业板,天使投资支持企业全年 IPO 累计融资 7.60 亿元,平均融资额约 2.5 亿元。

创业板 IPO 是创业投资的重要退出方式。2015 年,创业投资机构共发生 257 起 IPO 退出案例,通过国内创业板、中小板、主板和海外市场退出的案例分别达到 105、37、92、23 起,各占退出案例总数的 40.9%、14.4%、35.8%、8.9%。

二、新三板成为创业投资的主要退出渠道

新三板成为支撑创业创新的重要融资平台。随着做市商制度、优先股发行与转让、主办券商推荐业务规范等配套制度的出台和逐步完善,新三板市场规模大幅扩大,成交量飙升,股权流动性明显改善,从而为越来越多的创业企业提供了重要的资本市场融资平台。截至 2015 年底,新三板挂牌企业数量达 5129 家,总市值近 2.5 万亿

元。全年新增挂牌企业 3557 家,成交约 282 万笔,成交数量约 28 亿股,成交金额约 1911 亿元,分别是 2014 年的 2.9 倍、30.5 倍、12.2 倍、14.7 倍。

新三板为天使投资和创业投资开辟新的退出渠道。2015 年,我国天使投资市场共发生 83 起退出案例,其中,通过新三板退出 43 起,占比 51.8%。创业投资市场共发生 1813 起退出案例,其中,通过新三板退出 929 起,占比 51.2%。

三、企业兼并重组日趋活跃

私募股权投资相关并购交易量及交易额大幅增长。2015 年,我国并购市场上共发生私募股权投资相关并购交易 1277 起,占并购交易总量的 47.4%,同比增长 31.4%;涉及并购金额约 5893 亿元,占并购交易总金额的 56.5%,同比增长 37.7%(见图 3-6)。

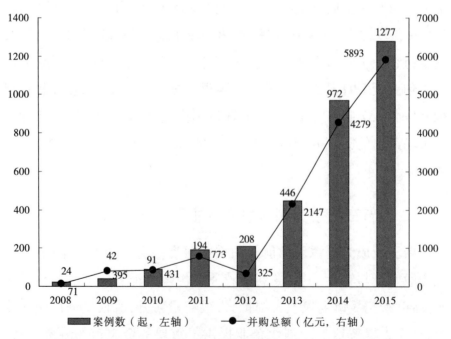

图 3-6 2008—2015 年我国私募股权投资相关并购交易情况

互联网领域的私募股权投资相关并购交易最为活跃。根据对 2015 年私募股权投资相关并购交易的行业分布情况分析(见表 3-6),2015 年私募股权投资相关并购交易量最多的行业是互联网, 共发生 223 起,占交易总量的 17.5%,其次是信息技术,占全部交易量的 14.0%。在并购金额方面,排名第一的是互联网行业,涉及并购金额约 1368 亿元,占总并购交易金额的 23.2%,其次是房地产行业, 并购金额占比 13.9%。

表 3-6　2015 年私募股权投资相关并购行业分布情况(按被并购方)

行　业	案例数	比例	案例数 (披露金额)	并购金额 (亿元)	比例	平均并购金额 (亿元)
互联网	223	17.5%	174	1368.04	23.2%	7.86
信息技术	179	14.0%	138	249.71	4.2%	1.81
生物技术/医疗健康	115	9.0%	112	423.38	7.2%	3.78
机械制造	96	7.5%	93	206.44	3.5%	2.22
电子及光电设备	92	7.2%	83	220.65	3.7%	2.66
金　融	85	6.7%	75	369.11	6.3%	4.92
清洁技术	72	5.6%	71	267.62	4.5%	3.77
电信及增值业务	72	5.6%	55	221.41	3.8%	4.03
娱乐传媒	54	4.2%	52	668.15	11.3%	12.85
能源及矿产	45	3.5%	44	157.86	2.7%	3.59
房地产	38	3.0%	35	819.85	13.9%	23.42
建筑/工程	36	2.8%	36	141.33	2.4%	3.93
汽　车	29	2.3%	28	311.02	5.3%	11.11
化工原料及加工	28	2.2%	28	53.13	0.9%	1.90
食品＆饮料	21	1.6%	20	19.74	0.3%	0.99
连锁及零售	21	1.6%	20	195.21	3.3%	9.76
农/林/牧/渔	14	1.1%	14	34.50	0.6%	2.46
物　流	10	0.8%	9	8.19	0.1%	0.91
半导体	9	0.7%	8	62.39	1.1%	7.80
教育与培训	7	0.5%	5	16.03	0.3%	3.21
纺织及服装	5	0.4%	4	7.99	0.1%	2.00
广播电视及数字电视	3	0.2%	3	12.02	0.2%	4.01
其　他	23	1.8%	21	59.59	1.0%	2.84
总　计	1277	100%	1128	5893.39	100%	5.22

第四章　创业主体

近年来,随着简政放权力度不断加大,一系列支持创业创新的政策举措陆续出台,我国营商环境持续改善,吸引"草根"和精英积极投身于创业创新,创业企业、个体工商户和农民专业合作社等创业主体快速增长,产业结构继续调整优化,东西区域发展势头强劲,大学生、留学生、农民工、科研工作者等创业群体积极性不断提高。靠创业自立,凭创新出彩,正在成为互联网时代越来越多人的发展理念和事业追求。

第一节　创业企业

创业企业数量、比重和增速是衡量创新发展的重要指标。近几年,我国创业企业在创业主体中的比重不断提高,从 2013 年的 25.2% 提高到 2015 年的 30%,提高近 5 个百分点。创业企业的数量和增速年年创历史新高,呈现出逐步向第三产业集中、私营企业比重稳步提高、东部和西部企业创业热情高涨的发展特征。

一、创业企业数量增长迅猛

新设企业数量和注册资本金总额大幅增长。近三年,我国新登记企业以年均 21% 的高速增长,特别是 2015 年 10 月 1 日全面实施"三证合一""一照一码"登记制度以来,11 月、12 月新登记注册企业数量连创新高,分别为 46 万户和 51.2 万户。2015 年全年新登记注册企业数量达到 443.9 万户,分别是 2013 年的 1.77 倍和 2014 年的 1.22 倍,平均每天新登记企业 1.2 万户;注册资本金为 29 万亿元,比 2014 年多出 10 万亿元以上,新登记数量和注册资本(金)总额两项指标均创历史新高。

表 4-1　2013—2015 年新登记注册企业增长情况

年份	新登记注册企业 (万户)	比上年增长 (%)	注册资本(金) (万亿元)	比上年增长 (%)
2013	250.27	27.63		
2014	365.10	45.88	19.05	99.02
2015	443.90	21.60	29.00	52.20

实有企业数量持续提高。2011 年至 2015 年,我国实有企业数量逐年递增,从 1253.12 万户增长到 2185.8 万户,五年增长了 932.68 万户。按照 2014 年底总人口计算,当前我国每千人企业量达到 16 户,其中,新登记企业占五分之一强。2012 年至 2015 年,实有企业的增速也是逐年提高,从 9.06% 上升到 20.15%,连续三年实现两位数增长并快速提升,从另一个侧面反映了创业企业强劲的发展势头。

二、创业企业产业结构不断优化

八成左右创业企业从事第三产业。2015 年的新登记企业中,三次产业企业数量分别为 21.5 万户、64.7 万户、357.8 万户,分别占新登记企业的 4.8%、14.6% 和 80.6%。第三产业比 2014 年增长 24.5%,大大高于第二产业 6.3% 的增速。截至 2015 年底,第三产业实有企业 1635.7 万户,占企业总数的 74.8%,所占比重比 2014 年提高了 1.5 个百分点。从事第三产业的创业企业数量和增速的提高,有效推动了产业结构的调整和优化。

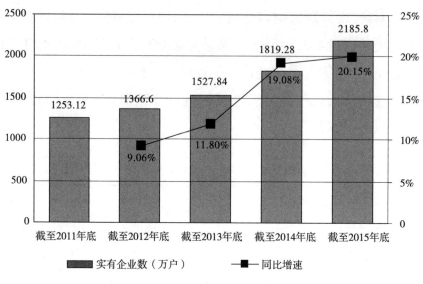

图 4-1　2011—2015 年实有企业数量及增长情况

信息技术等现代服务业领域新设企业快速发展。2015 年,信息传输、软件和信息技术服务业新登记企业 24 万户,比 2014 年增长 63.9%;文化、体育和娱乐业 10.4 万户,增长 58.5%;金融业 7.3 万户,增长 60.7%;教育 1.4 万户,增长 1 倍;卫生和社会工作 0.9 万户,增长 1 倍。"互联网+"等新产业、新业态的快速发展,为经济结构调整注入了新活力,形成经济发展新动能。

广告业和第三方服务业表现突出。截至 2015 年底,全国实有广告经营单位 67.2 万户,比 2014 年增长 23.6%,比 2011 年的 29.7 万户增长 1 倍以上;广告从业人员 307.3 万人,比 2014 年增长 13.0%,比 2011 年增加 140 万人;广告经营额 5973.4 亿元,比 2014 年增长 6.6%,比 2011 年的 3125 亿元增长近 1 倍。与此同时,企业管理、财务咨询、市场营销、人力资源、法律顾问、知识产权、检验检测、现代物流等第三方专业化服务加快发展,相关创业企业数量快速增长。

三、创业企业质量不断提升

私营企业各项指标逐年提升。2015 年,新登记私营企业为

421.2万户,占新登记企业总数的95%,所占比重比2013年提高0.2个百分点。截至2015年底,实有私营企业户数达到1908万户,同比增长23.4%;注册资本金达90.5万亿元,增长52.9%;从业人员数达到1.64亿人,增长13.9%。私营企业已经成为吸纳就业的稳定渠道。

表4-2 截至2015年底实有企业类型结构情况

		单位	至2015年12月实有	
			数量	同比增长(%)
企业	企业总数	户	21,858,177	20.1
	注册资本(金)总额	万元	16,832,731,254	36.2
	内资企业户数	户	21,376,998	20.6
	内资企业注册资本金	万元	15,100,136,101	37.0
	其中:私营企业户数	户	19,082,267	23.4
	私营企业注册资本金	万元	9,055,398,988	52.9
	私营企业从业人员	人	163,948,599	13.9
	外资企业户数	户	481,179	4.4
	外资企业注册资本金	万美元	266,815,811	22.2

涌现出一批极具发展潜力的创业企业。随着云计算、大数据、电子商务、移动支付等各类信息通信平台的成长和完善,线上线下互动的新兴消费模式有效促进了创业企业用户规模持续增长、市场规模不断增加。2015年,我国估值超过10亿美元的初创企业已达33家,其中5家企业估值超过100亿美元。

新设小微企业开业率较高。2015年第二季度到第四季度,全国新设小微企业周年开业率分别为70.9%、72.3%和70.1%,第四季度新设小微企业中已开展经营的有78.7%实现创收,所占比重比第二季度和第三季度分别高0.5个和4.1个百分点。

四、创业企业的区域结构差异明显

东部仍然是新登记企业数量最多地区。以四大区域划分,2015年全国新登记企业在东部、西部、中部、东北地区分别为256.5万户、87.9万户、77.9万户、21.6万户,占比分别为57.8%、19.8%、17.5%和4.9%。东部地区的新登记企业占据半壁江山。

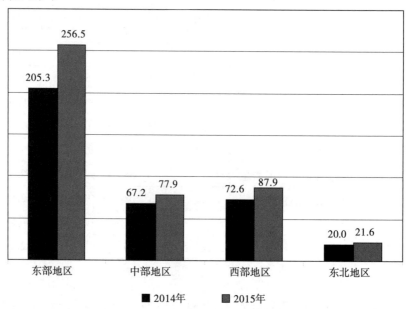

(单位:万户)

图 4-2　企业新登记户数区域分布

西部成为新登记企业增长较快地区。东部、西部、中部、东北地区新登记企业同比增速依次为24.9%、21.1%、15.9%和8.3%。西部仅次于东部,成为新登记企业增长较快地区。从各省份看,全国有13个省(自治区、直辖市)增速高于全国平均水平,其中东部6个,西部6个,中部1个。排名前五位的是西藏、云南、山东、江苏、宁夏,同比增速分别为65.9%、53.3%、48.1%、40.6%、38.6%。

北京等重点城市新创企业发展迅猛。2015年1—9月,北京市新创办科技企业达到 1.8 万家,同比增长 25%,全市高新技术企业超过 1 万家,占全国的 20%。杭州市新设企业 4.68 万户,同比增长 20.9%。上海、武汉、成都、西安等城市新创办企业也呈现大幅增长的态势。这些重点城市创业企业的迅猛发展,有利于资源优化配置,可以起到以点带面作用,实现创业发展更大收益。

第二节 个体工商户和农民专业合作社

个体工商户和农民专业合作社是创业主体的重要组成部分。近几年,个体工商户一直保持稳定增长,占新登记市场主体的 60% 以上。农民专业合作社在 2007 年颁布《农民专业合作社法》后得到快速发展,2015 年新登记农民专业合作社首次出现负增长,在新登记市场主体中的份额仅为 1.68%。

一、个体工商户数量保持稳定增长

新登记户个体工商户突破 1000 万户。2011 年至 2015 年,全国新登记个体工商户以年均 7% 的速度增长,到 2015 年首次超过 1000 万户,达到 1011.04 万户,同比增长 12.78%,比 2014 年增速提高了近 8 个百分点,新登记数量比 2011 年多出约 300 万户。

表 4-3 2011—2015 年新登记个体工商户情况

年　度	户数(万户)	同比增长(%)
2011	715.34	3.46
2012	732.89	2.45
2013	853.02	16.39
2014	896.45	5.09
2015	1011.04	12.78

实有个体工商户突破 5000 万户。截至 2015 年底,全国实有个体工商户 5407.92 万户,比 2012 年底增加 1348.65 万户,用四年时间迈上 5000 万新台阶。其中,新登记个体工商户近五分之一。从速度上看,2015 年实有个体工商户的增速有所放缓,回落了 3.85 个百分点。

表 4-4　2011—2015 年实有个体工商户情况

年　度	户数(万户)	同比增长(%)
2012	4059.27	8.06
2013	4436.29	9.29
2014	4984.06	12.35
2015	5407.92	8.5

二、个体工商户集中在第三产业

九成新登记个体工商户从事第三产业。在 2015 年新登记个体工商户中,从事三次产业的分别为 35.31 万户、59.33 万户和 916.40 万户,占比分别为 3.49%、5.87% 和 90.64%,增速分别为 1.55%、8.89% 和 13.53%。与第一、第二产业相比,从事第三产业的新登记个体工商户数量、占比和速度具有明显优势。

九成实有个体工商户也集中在第三产业。截至 2015 年底,一二三产业实有个体工商户分别为 134.99 万户、372.22 万户和 4900.74 万户。三次产业的个体工商户数量比重为 2.5 : 6.9 : 90.6,其中一产比重比 2014 年提高 0.14 个百分点,二产比重下降了 0.17 个百分点,三产比重提高 0.03 个百分点。形成了绝大多数个体工商户从事第三产业的市场主体格局。

六成个体工商户从事批发和零售业。从个体工商户行业分布看,实有个体工商户分布最多的前 5 大行业为:批发和零售业,居民服务、修理和其他服务业,住宿和餐饮业,制造业,交通运输、仓储和

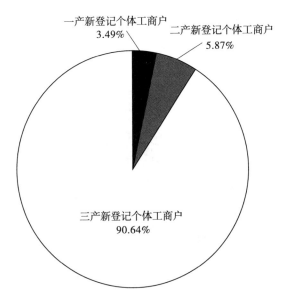

图 4-3 2015 年全国新登记个体工商户产业结构

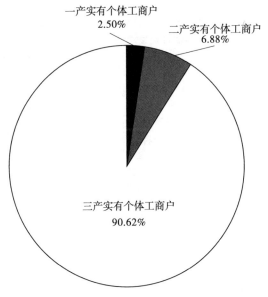

图 4-4 全国个体工商户实有户数产业结构（截至 2015 年底）

邮政业。其中批发和零售业的户数占 65%。分布较少的几个行业
为采矿业,教育,电力、热力、燃气及水生产和供应业,水利、环境和公

共设施管理业,金融业。

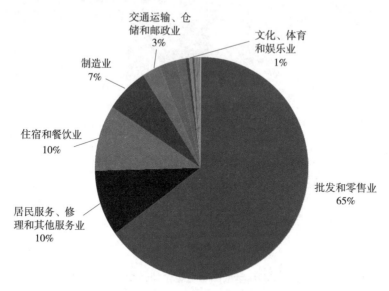

图 4-5 截至 2015 年底实有个体工商户主要行业分布

表 4-5 截至 2015 年底实有个体工商户行业分布情况

项 目	户数	同比增长（%）	资金数额	同比增长（%）
合 计	54,079,372	8.5	369,965,408	26.1
农林牧渔	1,455,442	14.2	40,831,885	38.4
采矿业	34,099	-9.9	1,489,411	3.6
制造业	3,562,297	5.7	34,663,978	15.4
电力、热力、燃气及水生产和供应业	16,597	3.6	923,638	3.2
建筑业	148,010	6.1	2,031,902	8.8
批发和零售业	35,026,803	7.5	187,088,436	24.4
交通运输、仓储和邮政业	1,480,798	-9.9	12,906,208	-3.8
住宿和餐饮业	5,235,128	21.8	44,609,449	46.9
信息传输、软件和信息技术服务业	294,809	4.7	1,393,484	6.0
金融业	3,624	227.4	31,780	196.5

项　目	户数	同比增长（%）	资金数额	同比增长（%）
房地产业	67,987	7.2	349,787	24.2
租赁和商务服务业	759,007	10.8	6,186,556	24.8
科学研究和技术服务业	171,869	2.8	806,101	17.6
水利、环境和公共设施管理业	14,217	-9.3	122,277	13.0
居民服务、修理和其他服务业	5,250,022	10.7	28,776,740	27.5
教　育	28,710	52.0	314,274	65.5
卫生和社会工作	126,680	11.0	1,170,018	32.1
文化、体育和娱乐业	270,911	7.7	5,395,606	53.1
其　他	132,362	-9.9	873,876	-12.2

三、个体工商户区域分布不平衡

东部仍然是个体工商户最多的地区。从新登记个体工商户看，2015年新增数量排序依次是东部、西部、中部和东北地区，分别为417.90万户、262.82万户、248.33万户和82.00万户，占比分别为41%、26%、25%和8%。从实有个体工商户看，截至2015年底，实有数量排序依然是东部、西部、中部和东北地区，分别为2228.90万户、1435.86万户、1279.71万户和463.46万户，占比分别为41.22%、26.55%、23.66%和8.57%。西部地区个体工商户数量超过中部地区，仅次于东部地区。

西部成为个体工商户增长最快的地区。与2014年相比，2015年四大区域新登记个体工商户增速排名为西部、东北、中部、东部地区，增速分别为19.47%、16.40%、11.32%、9.13%。原有数量较多的东部增速相对较低，意味着区域间个体工商户数量呈收敛态势。

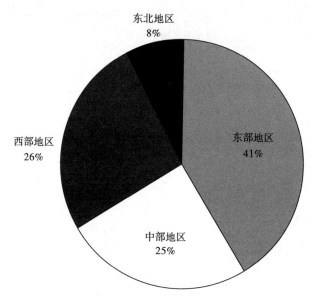

图 4-6　登记个体工商户四大区域分布情况

表 4-6　2015 年四大地区个体工商户情况

地　区	2015 年新登记个体工商户（万户）	同比（%）	截至 2015 年底个体工商户（万户）	占比（%）
东部地区	417.90	9.13	2228.90	41.22
中部地区	248.33	11.32	1279.71	23.66
西部地区	262.82	19.47	1435.86	26.55
东北地区	82.00	16.40	463.46	8.57
全　国	1101.05	12.78	5407.92	—

　　省（市）间个体工商户发展速度差异较大。从各省新登记个体工商户来看,2015 年新登记个体工商户同比增长率最高为 82.38%,最低为-20.33%。同比增长的有 25 个省,同比下降的有 6 个省。从增幅来看,排在前 5 位的省份是:西藏、山西、内蒙古、广西、新疆;排在后 5 位的省份是:广东、贵州、天津、上海、北京。发展相对落后的省份增速更快,而发达地区增速较慢,省份间也呈收敛态势。

表 4-7　2015 年新登记个体工商户同比增幅前后 5 位省份情况

增速排名前 5 位省份		
省　份	户数（户）	同比增长（％）
西　藏	33340	82.38
山　西	212388	54.49
内蒙古	300875	48.18
广　西	300468	39.35
新　疆	194455	39.17
增速排名后 5 位省份		
省　份	户数（户）	同比增长（％）
广　东	771104	-3.54
贵　州	233768	-6.19
天　津	65904	-8.18
上　海	41732	-13.8
北　京	44580	-20.33

四、个体工商户从业人员保持快速增长

城镇个体工商户从业人员增速快于农村。截至 2015 年底，全国个体工商户从业人员 1.17 亿人，同比增长 10.38%。其中，城镇个体工商户从业人员 7799.87 万人，同比增长 11.28%，占个体工商户从业人员的 66.77%；农村个体工商户从业人员 3882.33 万人，同比增长 8.59%，占个体工商户从业人员的 33.23%。

住宿和餐饮业个体工商户从业人员增长最快。截至 2015 年底，从事批发和零售业的个体工商户从业人员 6496.58 万人，同比增长 8.66%，占个体工商户从业人员总数的 55.61%；从事住宿和餐饮业的个体工商户从业人员 1512.38 万人，同比增长 22.85%，占个体工商户从业人员总数的 12.95%；从事居民服务、修理和其他服务业的个体工商户从业人员 1180.55 万人，同比增长 10.38%，占个体工商

户从业人员总数的 10.11%。

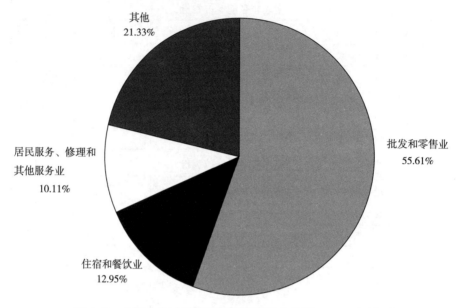

图 4-7　全国个体工商户吸纳就业结构图（截至 2015 年底）

五、农民专业合作社稳步发展

农民专业合作社数量持续增长。自 2007 年《农民专业合作社法》颁布以来，新登记农民专业合作社增长迅猛，2009 年增速达到 73.95%，之后增幅虽有波动，但每年新等级数量保持在 10 万户以上，2014 年达到 30.95 万户。2015 年略有下降，但当年全国新登记农民专业合作社 24.88 万户，比 2014 年减少了近 6 万户，同比下降 19.61%。

表 4-8　2009—2015 年农民专业合作社新登记情况

年　度	户数（万户）	同比增长（%）
2009	12.89	73.95
2010	13.15	2.02
2011	13.92	5.86

年　度	户数(万户)	同比增长(%)
2012	16.78	20.55
2013	28.24	68.29
2014	30.95	9.60
2015	24.88	−19.61

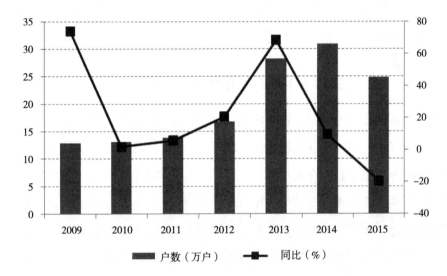

图 4-8　2009—2015 年农民专业合作社新登记情况

实有农民专业合作社各项指标持续增长。截至 2015 年底,全国实有农民专业合作社 153.11 万户,比 2014 年底增长 18.81%;出资总额约 3.42 亿元,比 2014 年底增长 25.27%;户均出资额 223.60 万元,同比增长 5.59%;成员总数 4159.51 万人,同比增长 11.04%。

表 4-9　截至 2015 年底实有农民专业合作社数量及增速

项　目	单　位	数　量	同比增长(%)
户　数	户	1,531,105	18.81
出资总额	万元	342,355,895	25.27
成员总数	人	41,595,090	11.04

第三节　创业群体

创业创新热潮极大激发了创业主体的创新活力,中央和地方政府围绕创业创新出台的一系列政策举措,为有梦想、有意愿、有能力的各类市场创业主体创新发展提供了难得的历史机遇,以大学生、留学回国人员、科技人员、农民工为重点的四大创业群体正在形成,推动创新支持创业、创业带动就业的良性互动发展。

一、大学生自主创业热情高涨

大学生创业者群体迅速增长。2014 年,毕业五年内创业的大学生 40.2 万人,比 2013 年增加 9.8 万人,增长 32.1%。从数量上看,毕业年份越长创业的大学生越多,毕业 5 年创业的大学生数量为 9.86 万人,毕业 4 年的为 9.70 万人,毕业 3 年的为 8.96 万人,上年毕业的为 7.87 万人,当年毕业的为 3.81 万人。从增速看,当年毕业的大学生创业增速最快,比 2013 年增长 50.3%;其次是上年毕业的大学生为 36.1%,毕业 3 年至 5 年的大学生创业增速大体相当,分别是 29.0%、28.5%、29.5%。在校创业的大学生也有较快增长,2014 年达到 7.6 万人,比 2013 年增加 2.2 万人,增长 39.8%。

表 4-10　2013—2014 年毕业生和在校生创业者人数变化

类　别	2013 年	2014 年	增加人数	增长率
大学生创业者	358305	477588	119283	33.3%
其中:毕业生	304266	402046	97780	32.1%
当年	25365	38118	12753	50.3%
上年	57830	78709	20879	36.1%
3 年	69472	89621	20149	29.0%
4 年	75437	96952	21515	28.5%

类　别	2013 年	2014 年	增加人数	增长率
5 年	76162	98646	22484	29.5%
在校生	54039	75542	21503	39.8%

大学生创业者比例显著提高。2014 年新登记注册的 16—30 岁创业者为 301.1 万人,比 2013 年增加 40.3 万人,增长 15.4%。其中,大学生创业者 47.8 万人,同比增长 33.3%,高出青年创业者增长率 17.9 个百分点;大学生创业者占青年创业者群体的 15.9%,比 2013 年上升 2.2 个百分点。

表 4-11　2013—2014 年大学生创业者人数变化

类　别	2013 年	2014 年	增加人数	增长率
青年创业者	2608039	3010759	402720	15.4%
其中:大学生创业者	358305	477588	119283	33.3%

高学历大学生创业者总量增速相对更快。2014 年新登记注册的本科及以上学历的创业者为 22.02 万人,比 2013 年增加 6.05 万人,增长 37.9%;新登记注册的专科大学生创业者为 25.74 万人,比 2013 年增加 5.9 万人,增长 29.6%。本科及以上学历创业者总量增速高出大专学历创业者 8.3 个百分点。

大学生创业者更多选择创办公司和企业。2014 年新登记注册的大学生创办的公司和企业类市场主体 26.9 万个,比 2013 年增加 7 万个,增长 35.2%;新登记注册的大学生个体工商户 20.9 万家,比 2013 年增加 4.9 万家,增长 31.0%。大学生创业者创办公司和企业的数量比申办个体工商户的数量多 6 万家,增速高出 4.2 个百分点。

东部和西部是大学生创业最活跃的地区。2014 年,东部地区大学生创业工商登记注册的数量最多,达到 22.98 万人,比 2013 年增加 5.07 万人,占全国大学生创业总数的 48.1%。西部地区同比增速最快,达到 44.5%,大学生创业数量为 11.76 万人,比 2013 年增加 3.62 万人。

表 4-12   2014 年大学生创业者区域分布情况

	登记注册 (万人)	占比 (%)	比上一年度增加 (万人)	同比增速 (%)
东北地区	2.39	5.0	0.34	16.3
东部地区	22.98	48.1	5.07	28.3
中部地区	10.62	22.2	2.90	37.6
西部地区	11.76	24.6	3.62	44.5

大学生创业者带动就业成效显著。调查显示①,创业创新浪潮推动优秀大学生积极创业,大学生创业者中有 38.10% 毕业于"985"或"211"高校;74.34% 在校期间学习成绩排名在前 30%;74.00% 曾经有过主要学生干部经历。大学生创业产生直接就业岗位 9 万—21 万个,按照中位数 15 万估计,其中 70% 为机会型创业者,根据不同创业带动就业系数估算,当年拉动新增就业岗位 29 万到 100 万个之间,5 年后预计可以创造就业机会 63 万到 470 万个。

表 4-13   2015 年大学毕业生创业带动就业效应估算

单 位	创业带动就业 (新创企业)(人)	五年企业 (成熟企业)(人)	带动创业 (万人)
清华大学	2.77	5.99	29—63
中国科协	7.5—10		78—105
中华工商联合总会		45	472.5
国家统计局	1—3		45

---

①　东北师范大学 2015 年《中国大学生就业创业发展报告》。

二、留学生归国创业稳步发展

据统计,2010—2014年,我国留学回国人员以年均29.36%的速度增长。截至2014年底,留学回国人员总数达180.96万人。其中,2012—2014年三年留学回国99.12万人,超过之前30年的总和。

留学回国人员园区创业蓬勃发展。各地通过省部共建、区域共建创业园,依托人才引进工程项目、高新技术企业,吸引和支持留学人员创业。截至2014年底,全国共有留学人员创业园305家,比2013年增加25家;入园企业2.2万家,比2013年增加0.2万家;在园创业的留学回国人员6.3万人,比2013年增加1.3万多人,留学人员创业园数量、入园企业数量、在园创业人员呈现稳步快速发展态势。

表4-14 留学人员创业园发展状况

年　份	创业园数量 (个)	入园企业数量 (万家)	在园创业人员数量 (万人)
2010	150	0.8	2
2011	160		
2012	260	1.7	4
2013	280	2	5
2014	305	2.2	6.3

高层次人才回国创业得到长足发展。从2008年实施到2015年底,国家"千人计划"已分11批共引进5208名海外高层次人才[1],其中,创业人才754名,占14.7%;从2009年到2014年,启动计划已经对307名初创高科技企业的留学人员给予50万元或20万元的支持

---

[1] 《打造最具影响力的国家引才品牌》,2016年1月7日《光明日报》。

资金,累计投入 7000 多万元①。

留学人员回国创业项目对接活动活跃。2014 年人力资源和社会保障部依托现行政策和各类服务平台,吸引各类海外人才回国(来华)服务上万人次,促成了 2.9 万个项目与人才、资金对接,是 2013 年的 4 倍多。

三、农民工返乡创业初见成效

返乡农民工成为农民工创业主体。截至 2015 年底,我国农民工累计创办 2505 万个个体工商户,创办农民工加工企业 40 多万家、休闲农业经营主体 180 万家、农民合作社 147.9 万家。其中,据抽样调查统计,有 70% 属于农民工返乡创业。2015 年返乡创业农民工 242 万人,共创办小微企业 26.07 万家,主要集中在规模种植业、农产品初加工、农产品流通、休闲农业和特色产业。创业者以"70 后""80 后"为主,一般有 5—8 年的打工经历,有一定资金、经验和人脉积累。

各级政府加强农民创业创新服务。通过建立完善农民创业创新服务体系、孵化培育一大批农村小微企业的方式,大力培育农民创业创新带动人、辅导师和返乡创业人员,总结推广农民创业创新模式和经验。2015 年共培训返乡创业人员 1.83 万名,开展职业技能培训鉴定近 40 万人次,培育新型职业农民 100 万人,培训农场主 4000 人次,培训 5000 人次农民网上创业。

各地农民工返乡创业成效十分显著。以农村青年为主体,以县(市)乡(镇)为重点区域,支持农村青年创办领办家庭农场、农村合作社和小微企业等。农民工输出大省四川,先后在自贡市、乐山市等

---

① 《留学人员创业园系列报道之一:打造海归创新创业"梦工厂"》,2015 年 7 月 10 日《中国组织人事报》。

地建立的农民工创业(孵化)园,吸引了近 10 万名农民工返乡创业①。贵州 2015 年上半年返乡创业人数同比增长 58%,达到 7.2 万人②。重庆截至 2015 年 9 月底,全市返乡创业户数比 2010 年底增长了 10.3 万户,提高了 38.3 个百分点③。山东省 2015 年第一季度,新增返乡创业农民工 4098 人④。

四、科技工作者创业活力被激发

科技工作者创业意愿明显增强。中国科协在 2015 年 1 月和 7 月分别对 2010—2013 年中国科技工作者状况和全国科技工作者创业创新情况进行调查,调研结果显示,近几年科技工作者创业意愿有巨大提升,2013 年 5 月创业意愿为 26.1%,2015 年 7 月为 49.1%,同时尝试过创业的人数比例也有 1 倍的增长。

表 4-15 科技工作者"双创"政策前后创业意愿和行为变化比较

创业意愿	2013 年 5 月调查(%)	2015 年 7 月调查(%)
科技工作者创业意愿	26.1	49.1
尝试过创业	1.2	2.5

资料来源:根据二次调查数据整理。

科技工作者创业氛围初步形成。据中国科协调查数据显示,科研人员周围已经形成良好的创业氛围,近七成科技工作者表示周围有朋友或同学已经开始创业,近五成表示家人、亲戚中有人创业,约

---

① 《留学人员创业园系列报道之一:打造海归创新创业"梦工厂"》,2015 年 7 月 10 日《中国组织人事报》。

② 人社部:《农民工创业人数增加 就近就业趋势更明显》,http://www.chinanews.com/gn/2015/07-29/7435339.shtml。

③ 《1/4 重庆农民工返乡创业企业存活超 3 年》,2015 年 12 月 17 日《中国青年报》。

④ 《让农民工在家乡闯出一片天》,2015 年 8 月 5 日《中国劳动保障报》。

四成的科技工作者表示单位同事中有人创业。

表 4-16　周围人创业情况

创业氛围	创业 1—5 人/次	超过 5 人/次
家人亲戚创业	44.6%	44.6%
朋友同学创业	57.3%	12.5%
本单位同事创业	36.5%	3.2%

资料来源：中国科协《全国科技工作者创新创业情况调查数据报告》,2015 年 7 月,内部报告。

第五章　创业成效

大众创业、万众创新,可以大幅增加有效供给,增强微观经济活力,推动新技术、新产业、新业态、新模式发展,又可以扩大就业、增加居民收入,还有利于促进社会纵向流动和公平正义,对促进结构转型升级、推动经济增长、扩大就业具有十分重要的作用。

第一节　创业创新汇聚经济发展新动能

随着大众创业、万众创新的深入推进,新创办企业大量涌现,新技术、新产业、新业态、新模式蓬勃发展,战略性新兴产业快速壮大,现代服务业加快发展,不断创造新供给,释放新需求,正在汇聚成为新的经济动能。

一、新技术、新业态、新模式蓬勃发展

研究表明,许多对经济发展非常重要的新技术、新业态、新模式最初都是由小微企业开始商业化的。许多大企业通常也将投资或兼并小微企业作为开发和商业化新技术的重要途径。近年来,伴随着新创办企业的大量涌现,新技术的研发和转化加快,新业态、新模式风起云涌。

新技术产业化加速。在大众创业万众创新的推动下,近年来移动互联网、云计算、物联网、大数据、3D 打印等新技术应用领域和范

围不断拓展,成果转化加速。如移动互联网迅速普及应用,2015 年全国移动互联网用户数达 9.64 亿,移动宽带(3G/4G)用户已占 60%。移动互联网接入流量消费达 41.8 亿 G,同比增长 103%,比上年提高 40.1 个百分点。月户均移动互联网接入流量达到 389.3M,同比增长 89.9%。手机上网流量达到 37.59 亿 G,同比增长 109.9%,在移动互联网总流量中的比重达到 89.8%。云计算应用从政府、金融等领域向制造、交通、医疗健康等行业延伸。物联网产业发展模式逐渐清晰,2014 年全国物联网产业规模突破 6200 亿元,同比增长 24%。大数据产业初具规模,2015 年全国大数据市场规模达到 115.9 亿元,增速达 38%。3D 打印领域涌现出了一批销售额千万级的优势企业,形成了一批集聚区。

新业态发展迅速。随着"互联网+创业创新"的深入推进,基于大数据、云计算、物联网的服务应用和创新日益活跃。互联网金融、互联网教育、创意设计、远程诊断、系统流程服务、设备生命周期管理服务等新业态发展迅速。例如互联网金融领域,据有关专业机构统计,2015 年全国互联网金融市场发生的投融资案例 402 起,获得融资的企业数为 370 家,融资金额约为 944 亿元。在互联网教育领域,全国从事互联网教育的企业超过 1000 家,产品包括教育平台、教育工具、内容提供、开放课程、技术支撑等五类,一些知名度高的企业注册会员近亿人,实现经营收入超亿元。

新模式层出不穷。互联网与各行业的深度融合,大众创业的蓬勃发展,推动新模式不断涌现。如互联网非公开股权融资模式井喷式增长,2015 年全国互联网非公开股权融资平台数量快速增长至 283 家,筹资 114.24 亿元,增长 429.38%。在交通出行领域涌现出新的消费模式,大大方便了人们的出行,提高了交通运力配置效率。在生活服务领域,数字家庭、智慧社区等新的服务模式快速发展,市场上已经形成家居自动化、家居安防、能源管理与信息娱乐等主要产品类型,拓展了消费渠道。

二、新兴产业快速发展壮大

新兴产业主要是新创办企业不断涌现、发展壮大的过程。近年来,在大众创业万众创新的推动下,我国新一代信息技术、节能环保、生物医药与健康服务等一批新兴产业快速发展壮大,新的产业增长点蓬勃发展。

新一代信息技术产业蓬勃发展。2015 年,中国互联网服务业收入达 1.15 万亿元,同比增长 27.5%。其中,互联网信息服务收入6950 亿元,同比增长 39%,占比 60.5%。全国网络零售额 3.88 万亿元,比上年增长 33.3%,占社会消费品零售总额 12.8%。2014 年物联网产业规模突破 6200 亿元,同比增长 24%。智能手机、平板电脑等制造业高速发展,2014 年智能手机出货量达到 4.5 亿部,年均增长增速达 56.2%。平板电脑出货量从 2010 年的 170 万台猛增到2014 年的 2780 万台,年均增长率高达 101.1%。在移动互联网、云计算、物联网、大数据等快速发展的带动下,信息产业规模进一步壮大,成为经济社会发展的重要引擎。据统计,2015 年规模以上电子信息制造业增加值同比增长 10.5%,高于工业平均水平 4.4 个百分点,销售产值同比增长 8.7%。500 万元以上项目完成固定资产投资额 13775.3 亿元,同比增长 14.2%;新增固定资产 9658.9 亿元,同比增长 20.6%。

节能环保产业快速发展。近年来,在国家的大力推动下,我国节能服务业从无到有、从小到大,呈现迅猛发展态势。统计显示,全国从事节能服务业务的企业从 2012 年的 4175 家增长到 2014 年的5125 家,行业从业人员从 2012 年的 43.5 万人增长到 2014 年的 56.2万人。节能服务产业总产值从 2012 年的 1653.37 亿元增长到 2014年的 2650 亿元。2014 年,全国规模以上环保装备制造企业约 6000

家,工业总产值超过 5000 亿元,从业人数 70 万人以上。从事大宗工业固废综合利用的企业超过 15000 家,产值达 4000 亿元。

生物医药与健康产业规模不断提升。生物与健康产业是当前全球创业创新十分活跃的领域。近年来,随着大批留学生纷纷回国创办生物医药企业,以及国内一批科研人员和大学生创业,我国医药合同研究、基因测序服务、移动医疗、再生医学等新型医疗服务蓬勃发展,涌现出一批高速成长的龙头企业,生物与健康产业呈现快速发展的态势。据统计,2015 年全国生物产业规模超过 4 万亿元,"十二五"期间年均增长率达到 15% 以上。

卫星导航、机器人、新能源汽车等行业大幅增长。全国卫星导航企业已超过百家,近年来年均增长超过 30%。机器人、无人机等快速发展,2015 年全国工业机器人销量达 5.7 万台,年均增长 39.7%。无人机占据全球无人机市场约 70% 的份额,其中国内 80% 的无人机销量出口海外。以新型传感器、智能控制系统、工业机器人、自动化成套生产线为代表的智能制造装备产业体系初步形成,一批具有自主知识产权的重大智能制造装备实现突破。新能源汽车爆发式增长,2015 年全国新能源汽车生产 340471 辆,销售 331092 辆,同比分别增长 3.3 倍和 3.4 倍。

战略性新兴产业成为经济发展新引擎。据统计,2015 年全国战略性新兴产业 27 个重点监测行业规模以上企业收入和利润同比分别增长 9.7% 和 11%。"十二五"期间,全国战略性新兴产业增加值占 GDP 的比重由 2010 年的约 4%,提高到 2014 年的 7.64%,预计 2015 年可实现 8% 的发展目标。

此外,大众创业万众创新也大大促进了文化创意产业、旅游业、家政服务业等行业以及分享经济发展,为经济社会发展注入了新动能。如近年来我国互联网文化产业呈爆发式增长,影视、动漫等内容产业持续快速增长,电影票房收入超过 300 亿元,动漫产业规模超过

1000 亿元,文化创意产业已成为引领经济发展的重要引擎。2015 年我国旅游业继续实现稳步增长,全年接待国内外旅游人数超过 41 亿人次,旅游总收入 4.13 万亿元。其中,国内旅游人数达 40 亿人次,国内旅游收入 3.42 万亿元,同比分别增长 10.5%和 13.1%。

三、助力传统产业转型升级

改造提升传统动能,是现阶段我国经济发展的紧迫任务。近年来,我国传统产业领域一批大企业纷纷实施双创行动,有力推动了产业结构转型升级。

激发企业创新活力。一些企业通过广泛开展双创活动,大大激发了公司员工的创业创新活力,创新能力显著提高。如某工业集团公司积极培育创客文化,鼓励车间班组创建创客空间,并通过内部信息网络构建"爱创客"创新平台,形成"互联网+发动机研发与制造""互联网+航空基础技术"等若干板块。集团内部各单位和员工利用这个平台,献智献力,已挖掘、开发出 30 多项重要科技成果,其中 4 个项目已由集团投资推向市场。某国有钢铁公司实施"金苹果"计划,鼓励职工开展创业创新,对公司选中的项目,支持创意者组建研发团队,进行深度研发。该计划实施几年来,已申报国家专利 125 项,形成技术秘密 112 项,获得省部级及以上科研成果奖 10 项,其中一个研发团队开发出具有世界先进水平的薄带连铸示范机组。某区域电网公司开展内部众创,通过 1066 个科技项目、65 个专家工作站和众多创新工作室,圆了不少电网创客的创新梦。

促进生产方式变革。通过双创,借助互联网等手段,一些企业将过去由单个企业完成的任务,向资源参与的所有企业开放,并发挥比较优势进行市场分工,提高了创新效率,促进了生产方式的变革。如某国有邮政企业为应对互联网发展对传统邮政业务的挑战,与大型民营电商企业合作,利用民营企业的电商平台改造经营业态,并在新业态领域探索混合所有制,既提高了国有资本配置和运行效率,又通过"互联网+"实现了自身的转型。某汽车公司在线将研发项目众包,设计周期从过去的3—4个月缩短到2个月以内,节省差旅、评审成本80%以上。

拓展传统产业发展空间。一些地区和企业积极推动创业创新,实施"互联网+""机器换人"行动计划,收到了"老树开花"的效果。如泉州市着眼制鞋、水暖卫浴、汽车配件等优势产业的智能改造,建立了"数控一代科技创新中心",为全市企业转型升级提供解决方案,给上千家企业的设备装上了"智慧大脑",建成了几十条自动化生产线,帮助企业减少用工成本2—3成、节约设备成本30%—50%。某大型家电连锁营销企业推出的"云店",向社会开放线上线下各种资源,不断拓展业务,拉长了产业链、价值链,实现了从实体店向互联网电商的转变。

第二节　创业带动就业效应不断扩大

大力推进大众创业、万众创新,完善落实更加积极的就业创业政策,新登记注册市场主体大幅增长,带动越来越多人员就业,大大抵消了经济增速下降对就业带来的冲击,对保持全国就业稳定发挥了重要作用。

一、创业促进就业规模稳步扩大

创业企业主要以小型微型企业为主,吸纳就业能力强,是社会就业的主渠道。研究表明,同样的资金投入,小型微型企业吸纳的就业人数是大中型企业的4—5倍。目前全国的小型微型企业就业人数为1.5亿左右,约占全国的20%,新增就业和再就业人口的70%以上集中在小微企业。

近年来,随着我国进入新一波创业浪潮,小微企业快速发展,创造了大量就业岗位。如深圳创业带动就业成效显著,2013—2015年,小微企业年均增长32%,截至2015年6月底,全市工商登记注册的中小微企业达到97.4万家,主要集中在批发与零售业、租赁及商务服务业、信息传输计算机服务和软件业、制造业、居民服务和其他服务业。据抽样调查,新登记注册企业平均每户吸纳从业人员7.86人,个体工商户平均每户吸纳2.89人,两年来深圳创业潮吸纳了348万人就业。杭州市2015年前三季度,新设企业4.68万户,增长20.9%。其中私营企业4.51万户,增长20%。新设个体工商户5.27万户,增长26.2%。全市新登记注册市场主体吸纳了近20万人就业。武汉2015年1—11月新登记私营企业4.37万户,新登记个体工商户6.12万户;新增各类众创空间83家和大学生创业特区22个,吸纳10万名大学生创业就业。扶持创业2.5万人,创业带动就业12万人。

从全国看,2015年新登记市场主体超过1400万户,同比增长14%以上。其中,新登记企业达到443.9万户,增长21.6%。按照新设企业平均每户吸纳从业人员3—4人、新设个体工商户吸纳从业人员1—2人计算,全年新设市场主体吸纳就业人数超过2000万人。

二、创业推动就业结构转型

在大众创业、万众创新的推动下,近年来我国就业结构发生积极变化,呈现出向新兴产业、服务业转型的趋势。

创业推动服务业就业规模不断扩大。随着服务业领域新登记注册市场主体的大幅增长,服务业就业人数不断上升,推动了我国就业结构向服务业为主转型。据统计,第三产业的就业人数在2011年超越第二产业,从2.73亿人快速增加到2014年的3.14亿人,占就业比重由35.7%提高到40.6%,成为吸纳就业的第一大产业。而第二

产业的就业人数则从 2012 年最高值的 2.32 亿人减少到 2014 年的
2.31 亿人(见图 5-1)。

（单位：亿人）

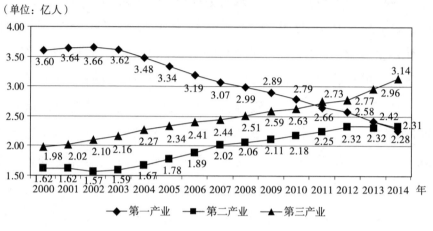

图 5-1　三次产业历年就业人数

数据来源:国家统计局。

新兴产业和现代服务业就业人数快速增长。近年来新登记市场
主体大部分都是服务业企业,很多新创企业从事电子商务、物流快
递、文化创意等现代服务业,创造了大量新的就业岗位。如 2013 年
以来,信息传输软件和信息技术服务业、金融业、租赁和商务服务业
等行业的就业人数快速上升,成为就业市场的新生力军(见图 5-2)。
有关机构监测数据显示,截至 2015 年 6 月,电子商务间接带动的就
业人数超过 1800 万人。据中国就业促进会的调查,2014 年全国大
学生创办的网店带动就业人数约为 618 万人。

创业促进就业需求结构发生变化。据有关部门 2015 年抽样调
查,在创业创新活力旺盛的行业,用人需求呈现快速增长态势。与
2013 年相比,用人需求增长较多的行业是:交通运输仓储和邮政业
增长 36.3%,金融业增长 17.5%,信息传输计算机服务和软件业增
长 5.5%,居民服务和其他服务业增长 2.7%;租赁和商务服务业增
长 1.1%。用人需求减少较多的行业有:建筑业下降 23.8%,农林牧

（单位：百万人）

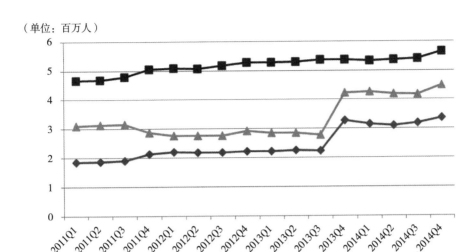

图 5-2　城镇非私营单位从业人数

数据来源：国家统计局。

渔业下降 16.6%，批发和零售业下降 9.8%，制造业下降 7.7%，住宿和餐饮业下降 3.6%（见图 5-3）。

（单位：%）

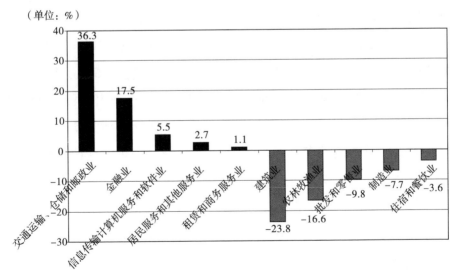

图 5-3　2015 年三季度主要行业用人需求的同比增速

数据来源：人力资源和社会保障部。

三、创业推动就业质量提高

创客群体中实现创业梦想的比重明显上升,从业人员工资收入不断提高,就业环境改善,创业推动就业质量明显改善。

为实现"创业理想"的比重明显上升。越来越多的创业者选择为"实现自我和改善生活"而创业。调查显示,2014届大学毕业生选择自主创业最重要的动力是"实现创业理想",本科生占48%,高职高专占45%,其后依次为"有好的创业项目"(本科和高职高专均为18%)、"未来收入好"(本科10%、高职高专13%)、"受他人邀请创业"(本科和高职高专均为9%),机会型创业的毕业生占创业总体的85%。

职工收入水平不断提高。抽样调查显示,2014届大学毕业生半年后月收入比2013届增长了237元,比2012届增长了439元,3届增长为14.4%,扣除通货膨胀后,3届增幅为12%。其中,本科毕业生2014届比2013届增长213元,比2012届增长了407元,3届增幅为12.1%;高职高专毕业生2014届比2013届增长了260元,比2012届增长了469元,3届增幅为17.2%。2015年全国居民人均可支配收入21966元,比上年名义增长8.9%,扣除价格因素实际增长7.4%。全年农民工总量27747万人,比上年增加352万人,增长1.3%。其中,本地农民工10863万人,增长2.7%;外出农民工16884万人,增长0.4%。农民工月均收入3072元,比上年增长7.2%。

就业环境不断改善。社会保险覆盖面进一步扩大。医疗保障体系更加完善。国家对就业创业的扶持力度不断加大,就业服务和职业培训不断强化。随着就业结构向高技术制造业和服务业转型,越来越多的人工作环境明显改善。同时,创业创新大大提高就业人员的自由度,为劳动者职业生涯创造了良好的生存空间和发展机会,突破了传统就业身高、相貌、身体、文化差异造成的限制,使就业机会更加公平。

第六章　地区创业

集群化是国际上创业创新发展的一般规律和趋势。近年来,全国各地认真贯彻落实党中央、国务院决策部署,深入实施创新驱动发展战略,大力推动大众创业、万众创新,着力清障搭台、优化服务,加快集聚创业创新要素,积极探索各具特色的发展之路,初步形成了一批双创高地。

第一节　北京市:着力打造全国科技创新中心

北京市主动顺应网络时代大众创业、万众创新的新形势,充分发挥中关村国家自主创新示范区的载体作用,坚持把科技创新摆在首都发展的核心位置,以全球视野谋划和推动科技创新,以改革红利释放创业创新活力,全面推进科技创新中心建设,在服务国家创新战略和促进首都转型发展方面有更大的担当、更大的作为。

2015 年前三季度北京市新创办科技型企业达到 1.8 万家,同比增长 25%,全市高新技术企业超过 1 万家,占全国的 20%,涌现出小米、京东等一批领军型创业企业。目前,拥有各类孵化机构超过 150家,国家级孵化机构 50 家,入驻企业超过 9000 家,累计毕业企业超过 8000 家,吸纳就业 17 万人,创业投资和私募股权投资管理机构超过 1000 家,居全国首位,已经形成了以科技企业孵化器、大学科技园为基础,创业投资、技术转移、知识产权服务、专业咨询等机构有机联系和互融互动的创业服务体系,搭建起了全方位、多层次的服务网络。拥有的国家级高新技术企业超过 1 万家、每万人发明专利拥有量达 48.1 件,均居全国城市首位。

一、充分发挥中关村国家自主创新示范区优势,大力推进先行先试

1. 打造与全国科技创新中心相适应的政府监管服务模式

适应"互联网+"产业发展新趋势,与科技部火炬中心共同研究发布《国家高新区互联网跨界融合创新中关村示范工程(2015—2020 年)》,在十大领域开展"互联网+"产业创新,出台一批促进跨界融合创新的支持措施。适应高成长创业企业跨境投融资需求,推动设立人民银行中关村示范区中心支行,开展企业境外并购外汇管理改革、外债宏观审慎管理改革等试点,进一步加速了资本流动和有效利用,为企业创新提供了"源动力"。适应开放式创新环境下人才流动要求,加快形成具有国际竞争力的人才制度,在中关村开展外籍高端人才永久居留资格便利化试点政策,放宽人才中介机构外资出资比例限制试点政策,简化外籍高层次人才办理永久居留证、人才签证等方面审批流程,大大缩短审批时限。

2. 开展"1+6""新四条"等先行先试政策试点

充分发挥中关村先行先试政策优势,先后开展了"1+6""新四条"等先行先试政策试点,在科技成果收益分配处置权改革、科研经费管理改革、股权激励改革等方面开展一系列探索。2011—2014 年,北京地区中央和地方高校、科研机构技术转让项目累计 1756 项,收入约 116.5 亿元;国有企业、高校和科研机构实施了 100 余项股权和分红激励计划。

在科技成果使用处置和收益管理改革方面,赋予科研单位对科技成果转化更大的自主权。单位可自主决定对其持有的科技成果采

取转让、许可、作价入股等方式开展转移转化活动,充分调动科研人员参与成果转化积极性。在科研项目经费管理改革方面,开展间接费用补偿机制试点、分阶段拨付试点、后补助试点及科研单位和高端人才团队经费使用自主权试点,2013 年以来,北京市所有科研项目均纳入改革试点,科研项目列支间接费用已形成常态化制度。在股权激励改革方面,开展了股权激励试点,截至 2015 年 5 月,共有 104 项来自高校、科研机构和国有企业的激励试点方案获得批复,共有 404 名科研和管理人员获得股权,激励总额约 2.17 亿元,平均激励额度 53.6 万元/人。

二、坚持高端引领,大力构筑高端创业创新平台

1. 推动国家级重大科技基础设施和创新平台布局

北京聚集了蛋白质大设施、材料服役安全设施等"十一五"时期6 大国家重大科技基础设施,占"十一五"时期总数的一半;同时正在积极争取先进光源验证装置、综合极端条件实验装置等"十二五"国家重大科技基础设施落地。加快创新平台布局,集聚了国家工程研究中心 41 个、国家工程实验室 52 个,占全国总量的 30%以上,中央在京及北京市已获批国家级企业技术中心 62 家,实现了对战略性产业八大重点领域的全面覆盖。

2. 推进与国家科技资源融合发展

按照"搭平台、聚人才、接任务、出成果"的要求,深化部市会商、院市合作、央地合作、军民融合等工作。中科院北京怀柔科教产业园建设有序开展,科研与转化基地初步形成聚集效应。与解放军总后卫生部签署医学科技创新战略合作协议,联合推动科技研发、成果转化和人才培养。与总装备部联合开展军民融合国防知识产权转化应用试点。深入推进中关村军民融合示范基地建设,促成无人直升机等一批"民参军""军转民"项目。未来科技城聚集"千人计划"专家

162 名,产生了纳米薄膜太阳能电池、可再生脱硝催化剂等 22 项国际先进水平的科研成果。支持成立首都创新大联盟,汇聚 80 余家联盟,促进 5000 余家企业、高校院所等创新主体跨界融合、协同创新。

3. 对接国际创新平台

依托双边国际科技合作和中国国际技术转移中心建设,支持孵化机构积极对接国际技术、资金、市场、人才等资源,与外方股份合作成立的国际企业孵化器,支持建立了"中美企业创新中心",推进了中关村软件园孵化器与芬兰、以色列等国的孵化器、科技园区、技术转移服务器等的合作,对接国际资源。

三、构建创业创新生态圈,培育创新内生动力

1. 发挥领军企业创业创新主体作用

近年来,北京市中关村深入实施了"十百千工程""瞪羚计划""展翼计划"等企业培育计划,培育了一批创新型领军企业。目前围绕中关村领军企业形成了"百度系""联想系""金山系"等创业系,领军企业也在成为创业微生态的营造者。

2. 发挥高校院所人才和成果源头作用

通过深化改革、创新服务促进高校院所科技成果转化和协同创新,使高校和科研机构为创业创新主体提供可能商业化的技术成果,培养创业创新人才。在中组部指导下实施中关村人才特区 13 项特殊政策,为各类人才提供工作、生活上的便利条件,积极拓展高层次人才引进渠道,集聚众多海内外高端智力资源。

3. 重视发挥天使投资和创业投资对创业创新的加速器作用

不仅出资设立天使投资和创业投资引导资金,而且给予创业投资机构一定的风险补贴,企业在获得创业投资后的各个成长阶段,还可以获得贷款贴息、上市补助等多项金融政策的连续支持,从而实现加速成长。近年来中关村新增的上市公司中,75%以上都获得过创

业投资的支持。

4.发挥创业孵化业提供专业化的贴心服务的主体功能

支持车库咖啡、创新工场等一批创业创新孵化器代表的创业服务业发展,鼓励各类创业孵化机构特色化、差异化发展,推动形成创业社区、创业咖啡、智能硬件、创业媒体等各具特色的创业服务模式。

四、不断优化创业投资机制,促进科技与资本结合

1.创新政府资金支持模式

积极参与国家新兴产业创投计划,围绕新一代信息技术、生物、新材料等战略性新兴产业重点领域,共设立 26 支新兴产业创投基金,总规模近 70 亿元,放大社会投资近 1.7 倍,累计投资项目 165个,已投资金额 24 亿元,强化对初创期、孵化期、成长期企业和新兴业态发展的培育力度。设立了北京市科技型中小企业创新资金,创新立项筛选机制,与创业投资、天使投资加强合作,打造中小企业"创新资金+投资机构"的支持模式,引导和带动社会资本流向科技型中小企业。目前,获支持的企业中已有 100 余家上市,1500 多家成为高新技术企业;通过创新资金撬动社会资本投资科技型中小企业,累计投资金额超过 120 亿元,实现资金放大比例近 1∶12。发挥政府资金的引导放大作用,中关村与有关部门合作设立创业投资引导基金 45 支,基金总规模达 200 亿元;在全国率先推出天使投资引导资金政策,合作设立 14 支基金,基金总规模达 13 亿元。

2.加大科技金融对创业创新的支持力度

中关村出台了小微企业信贷风险补偿资金管理办法,实施"风险补偿金"政策,引导银行、担保等金融机构创新产品和服务,加大对科技企业的支持力度。中关村搭建了科技金融综合服务平台,促进科技企业与银行信息对接,构建了集科技金融服务机构、金融产品、企业融资需求一体化的线上线下工作流转体系。

第二节　天津市：全力打造"双创特区"

天津市紧抓京津冀协同发展、自由贸易试验区、自主创新示范区、"一带一路"和滨海新区开发开放五大战略叠加机遇，深入贯彻落实党中央、国务院出台的一系列加快实施创新驱动发展战略、推进大众创业万众创新的政策措施，扎实开展"助小微、促创新、促创业"活动，率先推出"津十条"，积极建设创新创业特区（简称"双创特区"），全面开拓双创新局面，打造天津经济发展新引擎。

一、双创焕发勃勃生机

涌现出一批特色鲜明的众创空间，首批 20 个服务功能强、服务特色鲜明、发展势头好的众创空间纳入国家级科技企业孵化器管理服务体系。呈现市区联动竞相推进创业创新的生动局面。开展市级众创空间认定工作，首批区县推荐申报的众创空间达到 40 余个，分布在天津市 10 余个区县和滨海新区主要功能区内，服务类型包括投资促进、培训辅导、媒介延伸、专业服务、创客孵化等五种主要类型。其中，红桥区的青创园众创空间致力于打造拎包入驻的全要素创业创新服务模式，空间由城区老厂房改造而成，目前已形成较为完整的创业系统，能够为创业者提供包括创业食堂和求职旅社在内的从入驻到毕业的低成本一站式服务，现有大学生创业团队 100 余个，并已与 3 所高校合作成立校园创业基地和研究生工作站。津南区的创客工场为筛选出的创业团队免费提供价值 25 万元的无忧服务卡及一年全方位、多层次的服务；为初创企业提供 50 万—2000 万元的风险投资；空间拥有设计和体验功能的机械制造、电子产品研发及产品组装等公共生产设备和实验平台，能够为创业者完成产品的设计、制造和销售提供专业服务。目前，天津市已认定两批共 55 个区县众创空间,共服务了5400多名创客、1200多个创业团队和1200余家初创企业,同时还认定了共31家高校众创空间。

二、扎实开展小微企业帮扶工作

成立市级政策宣讲团,深入区县,多渠道及时高效掌握中小微企业发展难题。370个工作组通过逐户走访、开展座谈等方式,先后进行两轮融资需求调研。截至2015年11月20日,掌握有贷款需求的企业36450家,需求总额达到6117亿元。搭建银企对接桥梁,提升帮扶工作效率。通过政府直接出资或所属街镇配比出资等方式,建立最高10亿元的周转资金池,用于原贷款到期、新贷款已批未放、还贷出现暂时困难的中小微企业周转。通过政策引导和机制创新消除金融机构"不敢贷"的后顾之忧,缓解企业"贷不到"的燃眉之急。实施"政府+银行+载体"、"政府+银行+小额担保公司"等三方合作模式,建立5:3:2的风险分担机制,市区两级财政负担50%风险补偿,相关园区载体或小额担保公司再承担20%风险。紧扣需求优化服务,化解小微企业融资"老大难"。引导金融机构针对小微企业特点,大力开发商圈贷款、产业链贷款、知识产权贷款、网络贷款等特色金融产品,在风险可控前提下提高产品弹性、创新低质押方式,综合运用关系型新贷和信用评分法,满足企业贷款需求。简化申贷手续,缩短审贷流程,降低企业融资成本,着力构建扁平化、集约化、标准化、批量化的中小微企业贷款模式。针对不同类型的企业特点,开发应用服务同一产业链企业的"伞式融资"、服务不同行业重点企业的"箱式融资"、服务特色楼宇企业的"信用街区式融资"模式,为企业增信。

三、以"津十条"凝聚政策合力

率先出台《天津市关于发展众创空间 推进大众创新创业的政

策措施》(也称"津十条"),从十个方面支持"双创"发展,包括降低双创门槛、支持大学生和科研人员创业等,构建了发展众创空间推进创业创新较为完善的创业创新政策支持体系。明确责任主体,延伸政府服务。包括建立众创空间服务专员和政府流动服务站工作机制,由各区县抽调精干人员组建服务专员团队,派驻众创空间,开展定人、定时、定点的"三定服务",将政府服务延伸到众创空间。搭建发展众创空间推进创业创新的网络服务平台,实现政策公开、动态发布、创业创新典型实例介绍等线上服务功能,提升了服务的即时性、便捷性。构建由创业孵化行业、投融资机构、企业、高校的专家、投资人、企业家及学者组成的 50 余人的咨询专家库。组建了包括本市创业导师和吸引对接北京等外地创业导师 200 余人的创业导师队伍。

四、建设"双创特区"推动创业创新集聚发展

出台《市发展改革委关于大力支持创新创业特区建设的意见》。在滨海新区中心商务区启动建设"双创特区"。目前已累计新增注册企业1123家,已有 8 家众创空间落户"双创特区"。推动投资和贸易便利化方面:"双创特区"正在着力推进外商投资和对外投资两个综合性服务平台建设,着力疏通跨境投融资渠道。优化公共服务环境方面:搭建"双创特区"服务系统,落实业务代办、一口受理、"一证一章一票"、网上申报等便利化措施以及"一址多照""一照多址""集群注册""按工位注册"、国地税联合办税等制度创新。筹建天津自贸区跨境电子商务产业联盟,探索成立服务创业创新的联盟组织。吸引创业创新人才方面:落实"一张绿卡聚人才"制度,围绕吸引青年大学生、科技人才、海外人才等各类人才入区创业创新,加快构筑办理人才绿卡绿色通道。完善投融资体系方面:积极引进各类创投基金,已有近20家各类创投基金落户"双创特区",引进一批有外资背景的基金项目,引导境外创业企业进驻"双创特区"。探索在"双创

特区"建立一个直联硅谷和境内外投资机构的路演中心,推动双创企业与国际化创投机构的投融资对接。创新信贷服务产品,推动将企业应收账款、缴税情况、无形资产等作为获取贷款的考量依据,不断提高信用贷款比例。

第三节 上海市:创业创新推动新技术、新产品、新业态、新模式蓬勃发展

上海市认真贯彻关于简政放权以及推动大众创业、万众创新的决策部署,着眼于建设具有全球影响力的科技创新中心,注重发挥改革前沿、要素汇聚的综合优势,率先提出推动"新技术、新业态、新模式、新产业"经济发展,积极发展新经济、培育新动能、带动新产业、新业态等成长,为创业创新营造良好的生态环境,培育经济发展新动能,开拓转型升级新通道。

一、双创助力新技术、新产品、新业态、新模式蓬勃发展

引导开发新技术、新产品,采取新业态、新模式的企业多元发展。按照"高端化、集约化、服务化和推动三二一产业融合发展"的发展方针,聚焦智能制造、互联网金融、私人定制销售、信息技术等有优势、有前景的重点领域,针对开发新技术、新产品,采取新业态、新模式的创新型企业具有交融性、动态化、轻资产、高成长的特点,在思路上实现"三转",即从抓大企业、大项目向扶持小微、草根企业转变;从强调有形资产投资向更加注重研发、人力资本等无形资产投入转变;从偏好给予优惠政策向着重营造良好的营商环境转变;在服务上做到"四宽",即宽广的视野、宽松的管制、宽容的氛围和宽心的体制环境,提高政府服务的针对性、有效性,在市场准入上探索推广"负面清单"管理方式,给企业创新发展充分"留白"。

推进国资国企改革创新。制定了《鼓励和支持上海市国有企业加快科技创新的若干措施》，从考核、激励、人才、资金等多个方面形成了尊重企业家创业创新精神、激发科技人员创新活力、发挥国企创新主体作用的9条措施。文件出台后，又出台《市管国有企业法定代表人创新转型评价实施方案》，明确了实施创新转型专项评价的适用对象、评价周期、评价内容、评价方法和结果运用，并规定了实施创新转型专项评价的操作程序。同时，积极推进股权激励和成果转化收益分配等事项的试点，指导有意向的企业制订激励方案；形成关于技术类无形资产协议转让的操作细则；推动国有创投企业市场化运作；支持国有企业开展重大战略项目、企业技术创新和能级提升项目，并支持其探索开展创新孵化试点。

打造"新技术、新产品、新业态、新模式"创新基地。上海市依托创意产业集聚区、生产性服务业功能区等园区的软硬件优势，着力打造一批具有国际竞争力的"新技术、新产品、新业态、新模式"创新基地，首批50家已开始试点，涉及工业机器人、3D打印、高端医疗器械、互联网金融等30多个产业领域。建立网络视听、智慧照明、集成电路、物联网等8个人才实训基地，着力培养一批满足新技术、新产品、新业态、新模式发展需要的高技术尖端人才。同时，上海十分注重产业创新联盟建设，先后成立智慧应急产业联盟、智能交通系统产业联盟、首席信息官联盟，积极推动同业企业的沟通交流和科研合作，集众智推动开发新技术、新产品，采取新业态、新模式的创新型企业发展。

二、多元资金为"双创""新技术、新产品、新业态、新模式"保驾护航

营造良好的科技金融服务环境。探索投贷联动金融服务模式创新。支持设立创新型科技金融机构。积极推动上海股权托管交易中

心设立科技创新板,12 月 28 日,上海股权托管交易中心"科技创新板"正式开板,首批挂牌企业共 27 家,其中,科技型企业 21 家,创新型企业 6 家;19 家企业处于初创期,其余 8 家企业步入成长期。研究提出了大型政策性担保机构组建方案,拟设立"上海中小微企业政策性融资担保基金",规模在 100 亿元左右,初始规模 50 亿元。在全国率先完成首批首台(套)重大技术装备综合保险项目上报工作,并推出了本市地方首台(套)重大技术装备保险补偿机制的配套政策。

充分发挥政府资金杠杆作用。通过创业投资引导基金、天使投资引导基金带动社会投资。2010 年 3 月至今,上海市共通过备选合作基金 52 只,其中,已经出资 39 只,13 只基金正在组建过程中。已出资的 39 只基金总规模为 156.3 亿元,其中,申请引导基金出资 31.6 亿元。此外,总规模为 10 亿元的市天使投资引导基金,已累计投资 16 家天使基金,资金放大倍数超过 5 倍,被投基金已累计投资 200 余家初创期科技企业。同时,通过创新服务券等专项资金补助创新企业。目前,上海市"四新"服务券已累计发行 720 万元;安排 1200 万元"四新"模式与产品推广运用专项资金重点支持各类 O2O(线上线下融合)企业;"科技创新券"2015 年度支持了 840 多家企业、14 个创业团队,支持额度共约 4200 万元。

设立大学生科技创业基金会。截至 2015 年 11 月底,上海市大学生科技创业基金已累计资助 1289 家创业企业,40% 被资助企业已进入存活期和发展期,超过 50 家企业年销售额超过千万元,数家进入创业板、新三板立项进程。大学生科技创业基金会还成立了"上海创业接力科技金融集团",专注于早期科技型中小微企业,形成了从天使孵化、融资担保到风险投资等环节的金融服务链,同时,引入市场化的外部投资机构,集聚社会人脉、资本和项目,目前,"创业接力"已吸引了超过 15 亿元的社会资本共同参与早期创业企业服务。

三、搭建平台、强化支撑,为打造"具有全球影响力的科技创新中心"夯实基础

培育发展众创空间。印发《关于发展众创空间 推进大众创新创业的指导意见》,提出了6条具体措施,吸引了各类创业投资机构、社会组织、投资人等社会力量积极参与众创空间建设。在商事制度改革方面,已实施支持各类众创空间主体设立、改革企业名称和经营范围登记、改革众创空间经营场所登记、推行集中登记等11项改革举措。支持上海市33个生产性服务业功能区成立"手牵手·众创空间"创新创业基地联盟。目前,上海市共有各类众创空间孵化机构400余家(2015年8月以来新增106家),其中,创业孵化苗圃71家、孵化器149家、新型创业服务组织209家。

提升创业培训指导的精细度和实效性。加强创业教育,已建立以上海交大为代表的创业学院、以同济大学为代表的兴趣导向菜单式教育、以东华大学为代表的多层次创业教育、以上海理工大学为代表的创业学分、以科技职院为代表的校外创业教育资源,多所学校建立了创业教育校本课程和师资队伍。自2009年上海市成立科技创业导师队伍,截至2015年底,导师队伍增加到250人。依托大学科技园,整合空间资源,建设适应大学生创业的孵化基地。2015年,建立了东华大学文创产业孵化基地、交大"互联网+"创业孵化基地、剑桥学院高职创业公共服务基地等6个创业创新基地。目前,全市已形成70多个大学生身边的创业创新基地,可使用场地面积8.1万平方米,其中,国家级创业孵化器10个。各学校按照教育部要求,出资设立大学生创业孵化基金7700万元,吸引校外孵化资金1.89亿元。

启动实施第三轮创业带动就业行动计划。围绕重点鼓励和支持青年大学生创业和初创期创业,重点引导和推动众创空间等创业创新服务载体发展。提出了相关的工作目标,即用三年的时间,实现

"创业教育培训 10 万人,市级创业孵化示范基地达到 80 家,帮扶引领创业 3 万人(其中青年大学生不少于 2 万人),创业带动就业 20 万人"。2015 年,市政府将"帮扶引领成功创业 1 万人,其中青年大学生不少于 6000 人"列为促进就业工作目标,1—10 月,全市帮扶引领创业 9725 人(完成目标数的 97%),其中青年大学生 6235 人,已提前超额完成了年度工作任务。

合力解决科技成果转化"最后一公里"难题。一是发布《关于进一步促进科技成果转移转化的实施意见》,重点在科技成果处置权改革、转化平台和科技中介服务体系建设、共性技术研发与服务、企业转化主体、科研人员创业 5 个方面提出了 19 条举措。二是积极推进技术交易平台建设。国家技术转移东部中心于 2015 年 4 月正式揭牌成立,截至 9 月,已建立甘肃、新疆等 5 个国家技术转移东部中心分中心和新加坡、波士顿两个海外分中心。初期已设立 10 亿元技术转移基金,专注于技术转移过程中嫁接创新技术与上市企业资源的股权融资与投资,目前已初步达成对四个项目的投资意向。三是试点下放成果转化审批权。结合"双自联动"工作,上海市在张江高新区和自贸区内试点下放高新技术成果转化项目审定审批权,高新技术企业和技术型先进企业认定的初审权,实现"园内事园内结"。

第四节　沈阳市:全面创新改革试验
推动双创快速发展

沈阳市以全面创新改革试验为契机,深化体制机制改革,加快出台系列支持创业创新的政策措施,积极开展"双创周"系列主题活动,开创了沈阳市推进大众创业、万众创新工作的新局面。

据初步统计,目前沈阳市有众创空间(含科技企业孵化器)70 家以上,孵化面积大约 60 万平方米,在孵企业 2000 家左右,孵化企业从业人员总数 40000 人左右,初步形成了政府引导,国有企业、民营企业、高校院所、投资机构等社会多元投资运营发展格局和多样孵化模式,为沈阳市小微企业和大众创业创新提供了较为完善的培育孵化环境条件。2015 年末,沈阳市高新技术企业达 416 家,同比增长11.8%,全市高新技术企业营业总收入同比增长 12.8%,取得了较好成效。

一、强化顶层设计,出台系列政策措施促进创业创新

出台《沈阳市大力推进大众创业万众创新实施意见》。提出了全市推进大众创业万众创新的指导思想、基本原则、主要内容和保障措施;明确了创新体制机制、营造创业创新政策环境、优化财税政策、强化创业扶持,拓宽融资渠道、促进创业投资,构筑创新平台、完善支撑体系,打造创业生态、拓宽创业渠道,强化创新服务、培育新增长点,完善人才激励机制、激发主体活力等 7 个方面工作任务;制定了41 项推进大众创业万众创新的政策措施。市政府成立了由市长任组长的沈阳市推进大众创业万众创新工作领导小组。建立了联席会议制度,由市发改委、财政局、人社局、经信委、工商局、国税局、地税局等 23 家成员单位定期召开联席会议。

出台《沈阳市开展小微企业创业创新基地城市示范工作若干政策措施》。成功入选首批国家小微企业创业创新基地示范城市,全力帮扶小微企业成长、壮大。一是建立了小微"双创"示范工作体系,制定示范工作方案,确立了 3 年示范目标、重点工作和职责分工。二是制定了扶持小微企业发展 75 项财政措施,重点打造创业创新载体、完善公共服务体系、健全融资体系、减轻企业负担、促进科技成果转化、鼓励就业创业和推进商事制度改革等 7 个方面。三是搭建了支持小微企业融资体系,下发了《关于进一步做好支持小微企业融资工作的通知》,确立了区县政府、市直机构与社会资本合作模式,

通过设立创业创新基金、种子基金、小贷基金、重点园区助企贷试点,以及担保机构增资扩股,进一步拓宽小微企业融资渠道。

出台《关于进一步做好新形势下就业创业工作的实施意见》。一是启动"万人创业工程",召开了全市就业创业会议暨"万人创业工程"启动仪式,在全省率先启动了创业工程。二是完善创业扶持政策,在全省率先打破户籍限制,明确规定创新小额担保贷款政策,将小额担保贷款额度提升到上限 10 万元,劳动密集型小企业最高贷款额度提升为 300 万元,对初创小微企业提供基本生产经营场地、创业指导服务及创业孵化基地。三是多措并举推进创业,持续开展"创业大讲堂"、"创业大赛"、创业项目征集活动和"进校园、进企业、进社区,送岗位、送项目、送技能、送政策、送信息"的"三进""五送"活动。

出台《沈阳市优先培育新兴业态的指导意见》。对智慧城市建设、互联网金融、现代建筑等 23 个方面新兴业态创业创新,予以优先培育扶持。制定发布《关于实施沈阳市大学生创业引领计划的通知》等相关政策措施。

二、搭建创新创业平台,拓展"双创"发展空间

鼓励众创空间和科技孵化器发展。制定了《沈阳市众创空间扶持政策实施细则》《沈阳市科技孵化器扶持政策实施细则》,明确众创空间和科技企业孵化器的条件,对符合条件的众创空间和科技企业孵化器给予后补助支持。策划发起组建沈阳市众创空间联盟,首批 24 家众创空间联盟单位正式成为联盟会员,建立众创空间与政府之间的桥梁和纽带。举办大众创业、万众创新专题报告会,邀请国家"互联网+"专家组成员、"启点咖啡"创始人面向沈阳市县区科技局、众创空间、科技企业孵化器、科技中介机构 200 多人做专题讲座。组织沈阳市国家级孵化器完成 2014 年度评价考核工作和国家级孵化

器申报国家级科技企业孵化器免税资格,支持孵化器创新发展。

全面布局,建设网络覆盖的青创空间体系。构建包括创业服务指导站、创业孵化园区、创业社区三级沈阳市青创空间,打造公益性、实体化的创业平台,推出全体系化的创投运营和青年创业就业生态链条新模式,现已与多个创业园区实现合作,共建青年空间三级体系。整合多家青创服务机构,构建沈阳市创咖联盟,搭建创业者平台(项目库)、投资人平台(俱乐部)、专家平台(顾问团)三大平台。

完善公共科技平台功能,为"双创"提供科技服务。鼓励科技公共服务平台向小微企业开放,为小微企业提供检验检测、工艺验证、产品研制、试验研究等方面科技服务。制定《沈阳市科技创新券暂行管理办法》,试点科技创新券制度,向小微企业发放创新券,对其购买指定的科技公共平台和科研机构的科技服务给予一定比例的补助支持。其中,对新增国家级重点实验室、工程技术研究中心一次性给予200万元支持。

三、发展创业投资,加大"双创"扶持力度

充分发挥沈阳市新兴产业创业投资引导基金导向作用。面向社会公开征集申请新兴产业引导基金参股设立创业投资基金,加大新兴产业创业投资引导基金对社会资金的吸引作用,聚焦扶持沈阳市处于初创期、早中期创新型企业。

加大扶持,筹划设立沈阳市大学生及青年创业就业发展基金。沈阳市政府拨款5000万设立不以营利为目的的政策性基金——沈阳市大学生及青年创业就业发展基金,专门用于扶持大学生及青年创业。形成《沈阳市大学生及青年创业就业发展基金设立方案》。与盛京银行达成合作意向,以1000万元撬动银行4000万元,共同为在沈创业青年创建的微小企业提供零门槛的公益性免息创业贷款。依托沈阳市青年企业家协会成立了沈阳投资人俱乐部,并以1000万

元吸引投资人俱乐部资金 5000 万元设立工业技术及设计创新类专项投资基金,提升融资扶持力度,切实解决大学生及青年创业初期融资难的问题。

第五节　杭州市:积极打造创业梦想小镇

杭州市发挥江南风景资源和浙商文化优势,立足互联网经济基础,全力推动大众创业万众创新,以特色小镇、众创空间为代表的创新平台吸引了众多资金、技术、人才,各类创客和中小微企业云集,双创活力持续释放。

一、双创势头正旺,助力经济发展

创业创新主体活力显现。高校系、阿里系、海归系和浙商系等创业"新四军"异军突起,逐步成为杭州市转型升级主力军。浙大系在杭创办企业超过 1200 家;阿里系在杭创办企业超过 160 家,新增 600 多位创业创新者;海归系在杭创办企业超过 1300 家;浙商系开创浙商创业创新新局面。创业市场主体规模扩大,创客经济风起云涌。2015 年,全市新登记企业 6.3 万户,增长 17.6%,其中私营企业 6.05 万户,增长 16.4%。新设个体工商户 7.16 万户,增长 27%,创业势头旺盛。

创业创新金融迅速崛起。2015 年,杭州市创投引导基金已累计引进合作基金 33 家,基金规模达 46 亿元,投资项目 245 个,累计协议出资额达 11.25 亿元,放大倍数为 7.65 倍。2015 年浙江网商银行、浙江省互联网金融交易中心(网金社)相继成立运行,一批财务公司、消费金融、汽车金融等特色金融机构获批筹建,银证保金融机构累计达到 391 家;证券、期货交易火爆,同比分别增长 278.4% 和 269.1%。股改上市稳步推进,2015 年新增上市公司 9 家(其中境内

8家),上市公司总数达到118家;新增新三板挂牌企业130家,总数达到155家;存贷款增速均居全省第1位。

创新经济持续发力。信息经济成为杭州经济新引擎,2015年,信息经济实现增加值2313.85亿元,同比增长25%,占GDP比重45%。互联网金融、软件与信息服务、电子商务产业等信息服务业高速发展,增幅超过30%。云计算发展水平引领全国,安防领域产业优势突出,电子商务产业亦长期处于国际领先、国内前列。

二、发挥"产、城、人、文"优势,打造特色平台

着力打造特色小镇。特色小镇是杭州市利用信息经济、块状经济、山水资源、历史人文等独特优势,找准产业定位,形成"产、城、人、文"四位一体的重要创新创业平台。结合"十三五"规划,杭州市制定了全市特色小镇创建导则,谋划好功能定位,聚焦特色产业创业创新,完善创业创新公共服务,致力把特色小镇打造成为创业创新先导区。2015年杭州市共创建省市两级特色小镇41个。以梦想小镇为例,到目前为止已有480余个互联网创业项目相继落户于此,其中50余个项目获得百万元以上融资。还有一批平台和孵化器落户到梦想小镇,为创业者提供更多的帮助。

加快构建众创空间。杭州市聚焦、融合相关特色产业,大力发展创客空间、创业咖啡、创新工场等新型孵化模式。一方面制定出台了相关政策,改变传统政府对企业的扶持方式,根据实际研究制定个性化扶持政策。另一方面打造众创空间服务集聚区,引导和鼓励专业园区、商务楼宇盘活空间资源建设众创空间。目前,杭州有14家众创空间纳入国家级科技企业孵化器的管理体系。市级认定的众创空间17家,其中创业交流面积2.15万平方米,累计入驻团队(项目)1430个,已注册企业938家,吸纳社会就业人数15596人。

大力推进高校科技园和企业科技孵化器发展。通过杭州市各部

门的积极推动,高校、科研机构、民营企业、金融机构、中介机构等各类主体的积极参与和孵化器工作者们的共同努力,杭州市高校科技园与企业孵化器建设取得了较为显著的成效。目前,杭州市拥有国家级科技企业孵化器 21 家,国家级大学科技园 4 家,孵化总面积233.26 万平方米,累计孵化企业 9006 家,孵化企业就业人数 48083人,在孵企业注册资金总额 80 亿元,实现营业收入 130 亿元。认定省市级小企业创业基地共 70 家,面积达 64.83 万平方米,入驻企业7986 家,吸纳就业人数 15.62 万人。

三、营造良好环境,服务创业创新

围绕双创平台建设及创业创新工作的开展,杭州市主要采取了以下措施来打造良好的市场环境:

降低创业门槛,减轻创业负担。一是建立了便捷的企业登记注册制度,完善创业公共服务,全面实行营业执照、组织机构代码证、税务登记证、社会保险登记证、统计登记证等"五证合一"登记制度,让有意愿的创业者方便创业。二是减免相关行政性服务收费,全面落实小微企业税收优惠政策,将小微企业减半征收所得税标准由年应纳税所得额 20 万元以内提高到 30 万元以内。清理规范涉企收费,由市物价局等部门对全市行政事业性收费、强制垄断性的涉企经营服务收费以及行业协会商会涉企收费开展专项清理。三是加快推进杭州市国家知识产权示范城市建设,加大专利技术实施补助力度。加强创新发明知识产权管理和保护,完善知识产权信息网站和专业专利数据库,建立行业知识产权保护机制,将侵权行为信息纳入社会信用记录,与市场准入、享受优惠政策挂钩,营造公平竞争的市场环境。

大力发展创业风险投资,完善担保信贷体系。一方面,坚持政府引导、市场为主,搭建投融资服务平台,推进科技金融融合,建设多元化、多层次、多渠道的科技投融资体系。构建了"创投引导基金+天使引导基金+硅谷引导基金"的杭州市风险投资引导基金体系,加大研发投入和创业风险投资,改善创业创新融资环境。另一方面,多管齐下综合完善担保信贷体系。一是以市高科技担保公司为龙头,开展科技型初创企业政策性担保工作,设立科技型中小企业融资周转金。二是完善科技金融银行专营机构的资助鼓励政策,对经认定的雏鹰和青蓝企业,按照银行贷款基准利率的50%提供贷款贴息补助。三是设立杭州市"科技型小微企业助保金",按助保金资金放大一定倍数额度对科技型小微企业给予贷款。四是设立了全国首创的中小企业转贷引导基金。

鼓励、引进人才创业创新。一是深入实施大学生创业三年行动计划,以大学生创业学院、大学生创业实训工程、杰出创业人才培育计划、创业公共服务进校园为抓手,着力提升大学生的创业能力和素质。省属高校全面建立弹性学制管理办法,允许在校大学生休学创业,并计入实践学分。启动实施"现代青年农场主计划",支持青年农民返乡创业,发展农民合作社、家庭农场等新型农业经营主体。二是提高高校、科研机构等事业单位科研人员职务成果转化收益的分享比例,职务成果转化收益用于奖励科研负责人、骨干技术人员等重要贡献人员和团队的比例不低于60%。允许事业单位科研人员兼职创办科技型企业。科技人员在完成本职工作前提下在职创业,其收入在照章纳税后归个人所有。三是建立以能力、业绩为导向的人才分类评价认定机制,将"偏才""专才"纳入人才体系。实施杭州市领军型创新创业团队引进培育计划,对顶尖人才和团队的重大项目最高给予1亿元项目资助。建立杭州科技创新发展院,使具有事业编制的高层次人才在事业单位之间流动的渠道畅通。

第六节　青岛市：着力建设
创新创业创客之岛

青岛市充分发挥政府引导基金的带动作用，持续优化双创发展亟须的制度环境，充分集聚社会各类创新资源，全力打造创新之城、创业之都、创客之岛。

一、资金优先

设立创投引导基金，转变资金扶持方式。 以"创投计划"为契机，设立了规模 5 亿元的市级创业投资引导基金，成立市级创业投资引导基金管理中心，招聘具有丰富行业经验的专业人才，负责引导基金规范化、专业化托管运作。成立五年来，青岛市市级创业投资引导基金累计引导带动社会资本逾 50 亿元，投资创业创新型企业 67 家；被投企业 2015 年预计实现利润 20 亿元，创造就业岗位 4800 个，新增专利 1176 个，11 家企业成功迈入多层次资本市场，取得了显著的经济社会效益。同时，不断加大政府引导基金的投入，明确三年调转 50 亿元财政资金，改"一次补助"为"循环持股"，引导带动社会资本共同支持创业创新。围绕政策性母基金的功能定位，青岛市市级创业投资引导基金先后吸引多家国内外知名基金，参股设立了蓝色经济、节能环保、先进制造、信息技术等专项创投基金及管理企业 31 家，基金规模 41.7 亿元，开辟了财政资金服务创业创新的新模式。

提升财政金融支持力度，加强资金保障。 印发《关于加快基金业集聚发展的意见》，落实促进创投机构发展优惠政策，大力吸引股权投资类企业落户青岛。市政府安排 10 亿元市级创业带动就业扶持资金，用于扶持小微企业发展，促进创业孵化基地、创业园区建设等。目前，市内各类引导基金政府已共计出资 11.73 亿元，参股设立

32 只子基金,吸引社会资本 49.93 亿元,总规模 61.66 亿元;重点用于工业转型升级、互联网工业发展、创客创业投资等。全市创业担保贷款基金规模扩大到 10.2 亿元,其中,市本级 8 亿元,各区市不低于2000 万元。

出台科技金融风险补偿补贴实施细则,对企业提供融资的商业银行、融资担保等科技金融机构进行补偿补贴;出台了科技型中小微企业专利权质押贷款资助实施细则,已有 2 家科技型中小企业获得700 万元信贷资金支持,预计全年可为 50 家企业提供超过 2 亿元信贷资金支持;创新开发了"知识产权质押贷款保证保险"科技金融产品,切实解决科技型中小企业"融资难、融资贵"问题。

二、人才保障

开启"海鸥行动计划",计划用 3 年时间,培养 3 万名大学生创客,打造 50 个各具特色的众创空间,扶持 1.5 万名大学生创业者;启动了第四届中国创新创业大赛(青岛赛区)暨"千帆汇"第二届青岛市创新创业大赛;启动成立了以科研院所专家参加的创业指导专家委员会、300 余名岛城企业家参加的创业导师团和 600 多人参与的创业专家志愿团。为了更好地服务于双创人才,青岛市出台了积分落户实施细则,成为继广州、深圳之后第三个推行积分落户的副省级城市。

开展全城创客行动,推广"人人创客"模式。起草《青岛市支持创客发展打造"创客之岛"行动计划》,征集全市众创空间建设支撑项目 83 项,80%投入运营。在全市中学广泛成立了创客社团,组建中学生创客导师团、宣讲团,开展创客教育试点,挂牌一批中学生创客教育实践基地,构建"创客"教育教学服务体系。鼓励驻青高校设立创业扶持基金,用于大学生创新、创业实践活动。成立青岛市大学生创新创业创客联盟,招募大学生创客 2000 余人,成立青岛市第一个大学生创客联合培养基地。

开设"青岛创投学院",邀请国内多位知名投资基金、资本市场专家、高管,围绕宏观政策、产业研究、投资实操等内容对全市创业投资从业人员进行封闭授课,覆盖40多个基金公司及相关机构,为强化创业创新实践、建设投资人才梯队、推进行业规范发展奠定坚实基础。

三、平台支撑

实施"六个一"工程,优化创业服务软环境。实施一站、一库、一产品、一刊物、一咖啡、一协会的"六个一"工程,全方位培育全市创业创新环境。通过发布行业最新动态及投资信息、整合政府资源提供项目储备、开发支持创业创新的融资产品、促进创业创新信息的汇集、搭建投融资双方交流对接服务载体等服务,青岛已累计举办TMT、3D打印、蓝色经济、科技园区等专题对接会100多场,开展项目路演200余次,进行创业辅导30余期,吸引了数百名创业者和几十家创投机构参与,并配套建立了专业微信、QQ群,通过线下活动、线上互动凝聚人气,形成了500人规模的青岛创投圈。在此推动下,仅市级创业投资引导基金参股基金累计实施直接股权投资15亿元。

建设创业投资公共服务平台,集聚创新资源。在蓝色硅谷创业带与金家岭金改试验区的交汇处,高水平建设了4300余平方米的青岛市创业投资公共服务平台,集聚创投基金、行业协会、创业咖啡、中介组织各类要素联合办公,提供政策发布、融资指导、专题对接、项目路演一站式服务,入驻创投基金规模突破30亿元。2015年初,进一步在平台加挂成立了青岛市首家投资引领型孵化基地,目前入驻孵化项目30多个,其中8家企业获得早期基金投资近1亿元,投资引领新型孵化平台功能初步显现。

四、制度完善

大力推进商事制度改革。分步实施注册资本登记制度改革、企业住所(经营场所)登记制度改革、工商登记服务便利化改革、前置审批制度改革、市场主体监管模式改革等具体改革措施,开展企业投资项目投资便利化改革试点,印发《企业投资项目投资便利化改革试点方案》,最大限度地实现了并联压茬审批,有效降低了企业创新门槛。

全面激发企业创新活力。印发了《青岛市企业研发投入奖励实施细则》,对企业研发投入进行后补助,重点支持企业的首投、首贷、首保。发挥大企业骨干作用,打造高品质科技创新中心。对小微企业技术改造项目购买设备给予一定补助,鼓励小微企业通过技术改造实现转型升级。明确企业科技研发投入增长部分,在业绩考核时视同实现利润,并将科技投入比率作为考核指标。此外还不断加强企业技术创新体系建设,年初将214家企业列入企业技术中心培育计划,正式推荐12家企业申报国家级、35家企业申报省级企业技术中心,受理105家企业申报材料。省市两级工程研究中心也在不断增长。

完善科技成果转化收益分享机制。青岛市赋予高校院所科技成果自主处置权;简化科技成果在境内的使用、处置的审批、备案程序;成果转化所得收入全部留归单位自主分配,鼓励高校院所将职务发明成果转让收益在重要贡献人员、所属单位之间合理分配;加大科技人员股权激励力度,调动科技人员创新积极性。高校院所以科技成果作价入股企业的,用于奖励科研负责人、骨干技术人员等重要贡献人员和团队(含管理岗位技术人员)的股权比例不低于50%。

第七节　武汉市:培育创业创新沃土

武汉深入实施创新驱动发展战略,按照国家对建设创新型城市的要求,进一步明确政府的角色定位,着力破除各种体制机制障碍,让市场在创新资源配置中发挥决定性作用,让企业成为创新的主体力量,创业创新得到蓬勃发展,大众创业万众创新工作全面展开,各项工作稳步推进,成效初显,有力支撑了经济社会健康有序发展。

2015 年,武汉市高新技术企业新增 329 家;全市孵化器、大学科技园、各类众创空间中新增创业企业 1820 家。1—11 月新登记私营企业 4.37 万户,新登记个体工商户 6.12 万户;新增的各类众创空间 83 家和大学生创业特区 22 个,吸纳 10 万名大学生在汉创业就业。扶持创业 2.5 万人,创业带动就业 12 万人。创业创新投资积极活跃,社会资本加快布点武汉,基本形成资本围绕项目转的新格局。通过"青桐汇"平台,促成天使投资 58 笔,累计投资额 5.8 亿元。东湖国家自主创新示范区获批以来,专利申请量保持年均 36% 以上增速,2015 年专利年申请量突破 1.58 万件,占武汉市的 50%;累计主导创制国际标准 10 项、国家标准 280 多项。

一、大力推进体制机制创新

(一)"非禁即入"全面降低创业创新门槛

按照"非禁即入"的原则,允许各类创业主体平等进入国家法律、法规未禁入的所有行业和领域。全面取消创新型小微企业各种"认定书""证书""许可证"等注册门槛,取消最低注册资本限制。对面向企业和个人创新相关的备案、登记、年检、监制、认定、认证、审查、审核、审定等带有审批性质的管理措施进行全面清理,规范行政审批前置服务事项。降低创业创新门槛,实行工商登记便利化,进一步放宽新注册企业住所(经营场所)登记条件限制,推动"一址多照"、集群注册等住所登记改革,推行企业名称网上预核,探索工商登记全程电子化,放宽"互联网+"等新兴行业市场准入,改进对互联网融合的金融、医疗保健、教育培训等企业的监管;简化股东变更登记手续,对于变更公司股东、法定代表人等由企业自主决定变更的事项,工商部门除对涉嫌虚假申请材料进行实质性审查需现场确认外,允许企业依法合规自愿登记。

(二)打通创业创新科研人员双向流通通道

推动高校院所按"用时打通"原则进行去行政化改革,改革专家教授薪酬和岗位管理制度,在高校保留 3% 的编制支持教师创业创新的基础上,完善科研人员兼职兼薪管理政策。推进社会保障制度改革,实现事业单位和企业社会保障制度并轨,破除科研人员自由流动的制度障碍。

(三)构建市场导向的科技成果转化和技术转移机制

对高校院所的职务科技成果,除涉及国防、国家安全、国家利益、重大社会公共利益外,单位可自主处置,主管部门和财政部门不再审批。职务科技成果转化所得收益不上缴国库,全部留归单位,纳入单位预算,实行统一管理。职务科技成果转化所得净收益,按照不低于 70% 的比例归参与研发的科技人员及团队拥有。

(四)实行严格的知识产权保护制度

建立知识产权侵权查处快速反应机制,强化行政执法与司法衔接,加强知识产权综合行政执法,建立健全专利纠纷法院受理委托调解、行政调解协议司法确认机制。建立知识产权信用体系,并争取纳入全国社会信用体系建设试点,强化对侵犯知识产权等失信行为的联动惩戒。

二、推进创业创新资源服务共享

(一)建设一批众创空间

为确保大众创业、万众创新的开展拥有良性开放的空间,充分调度政府、社会的资源共享,充分利用闲置厂房、仓库、楼宇等设施降低创业创新成本。新成立天使翼等 33 家众创空间,新认定中南民族大学等 14 家大学生创业特区,全市共有国家级众创空间 14 家、省级众创空间 50 家,已建成和拟建的众创空间超过 108 家,遍及各区开发区,鲁巷、街道口等高校密集、商业发达区域已初步形成众创街区。加快了创新园区产城一体化建设,完善创业创新生产生活配套服务体系。

（二）共享创业创新资源

鼓励和支持创业创新主体依托互联网充分挖掘信息资源的商业价值,推动高校院所与大型企业科技基础设施、仪器设备、科学数据等科技资源向社会开放并提供网络化服务。鼓励和支持高校毕业生从事网络创业,择优扶持一批大学生"网店"为政府采购企业。

（三）构建开放式创业服务模式

创业创新服务模式,依托众创空间的创业服务类型涵盖创客孵化型、投资促进型、辅导培训型、媒体延伸型、专业服务型,形成"免费创业辅导+天使投资""校园创客+天使投资""培训+投资""开放式平台+天使投资"、互联网开放平台、"线上线下社区+交互设计研发"等新型创业服务模式。依托创新型孵化器、各类社会机构和众创空间,积极开展创业辅导、路演等活动,2015 年全市各类众创空间累计开展创业辅导活动 854 场,参与人数 28624 人次,累计开展路演活动 738 场,参与人数 31126 人次。举办创业武汉系列培训 36 期,培训 5584 人次,服务企业 2843 家次;导师团开展创业辅导咨询活动 184 场次,服务创业者 3504 人次,结对帮扶创业项目 200 个,服务高校、基地（园区）、众创空间、社区 37 个。

三、实施"青桐计划"

武汉市政府推出了旨在为鼓励和支持在校或毕业 5 年内的大学生创业而量身定做的青桐计划。深入实施"青桐计划",加快推进"青桐三部曲"（青桐计划、青桐汇、青桐学院）项目,全年举办 12 场光谷青桐汇活动,路演项目 115 项,其中 39 项项目共完成融资 7.8

亿元,观摩人数近2万人次,"光谷青桐汇"已成为全国创投界、创业界的一个重要知名品牌,已在成都、西安、合肥、长沙、青岛等地复制。联合长江日报开展创新创业校园行活动,每周走进一所高校,邀请创业先锋讲述创业故事,介绍创业项目,刊登《青桐创业周刊》42期,联合湖北之声播出"青桐梦想家"广播节目22期,联合湖北资讯广播建设大学生创业联播网,播出"青桐学院"广播节目58期,现已覆盖23所高校。出台了《武汉市青桐基金管理暂行办法》,通过"青桐汇"平台,促成天使投资58笔,累计投资额5.8亿元。

四、吸引"城市合伙人"来汉创业创新

实行"城市合伙人"计划,出台了《武汉"城市合伙人"政策清单(2015年版)》《武汉"城市合伙人"认定与服务工作实施办法》等,计划用3—5年时间,引进100个以上产业领军人才及团队,1000名以上高层次创新人才,吸引带动10000名以上各类优秀创业创新人才。对引进的国内外顶尖人才(包括诺贝尔奖获得者、两院院士以及相当层次的人才),将给予每人一次性200万元奖励补贴;对引进的产业发展急需、拥有关键技术和成果、能带来重大经济效益和社会效益的国内外顶尖人才及团队,实行"一事一议",最高可给予1亿元资金资助。从2015年起在新兴产业领域的重点企业建立院士专家工作站、博士后科研工作站等,设立一批研发创新岗位,吸引"城市合伙人"来汉创业创新。

第八节　深圳市:着力营造良好的
创业创新生态

作为国内战略性新兴产业规模最大、集聚性最强、技术创新最活跃的城市,创业创新已成为深圳经济增长的内生动力。2015年,深

圳市坚持以创新驱动战略作为全市的主战略,以合力营造良好的创新生态环境为基础,以创客为中心,大力聚合跨界要素,推进科技政策与金融、人才等政策的有机衔接,加快构筑多要素联动的综合创新生态体系,迅速蜕变成世界瞩目的创新"梦工厂",在外部环境偏紧的情况下,经济保持了平稳健康增长,呈现出稳中提升、量增质优的良好态势。

2015年,深圳商事主体迅速翻番突破200万户,增量超过前30年总量,总量跃居全国大中城市首位;拥有国家级高新技术企业累计达5564家,在境内外交易所上市企业321家,中小板创业板上市企业数连续8年位居国内首位;发明专利授权量12077件,同比增长36.5%,PCT国际专利受理量10019件,同比增长20.8%,占全国的50.3%,连续十二年位居国内副省级以上城市之首;VC/PE机构达4.6万家,注册资本超过2.7万亿元,累计引进"孔雀计划"创新团队77个,海外高层次人才1219名,留学人员近6万人,海归创业比例为35%,远高于全国15%的平均水平。

一、全面激活金融市场,实现便捷融资

(一)大力发展区域性要素交易平台,加速产业和资本融合

陆续设立前海金融资产交易所、前海股权交易中心、深圳金融资产及大宗商品交易中心等地方区域性要素交易平台,引导各类天使投资、创业投资和产业资本加大向初创期项目的投资力度。前海股权交易中心已吸引了全国各地8700家企业挂牌(其中深圳本地企业超过4000家),累计为企业融资110亿元,已成为全国挂牌企业数量最多、影响最大的区域性股权交易市场。

(二)创新银行支持方式,着力解决中小企业特别是科技型小微企业融资难、融资贵问题

改进信贷考核体系,将小微企业不良贷款容忍度提高至5%。

加强中小微企业专营服务机构建设,鼓励银行机构向中小微企业比较密集区域配置金融服务资源,稳步推进小额贷款公司试点工作,规范发展各类融资担保机构、再担保机构等。大力推动实施中小微企业信用增信计划,已建立再担保、互保金、创投引导基金三个政策性融资平台,中小微企业贷款联保增信平台也已建成运行。落实中小微企业信用保险的相关扶持政策,引导推动各金融机构积极创新中小微融资的信贷服务。

(三)大力发展互联网金融,丰富创业融资新模式

规划建设了3个互联网金融产业园区,筹建了深圳市互联网金融协会,着力引进培育了一大批在业界具有影响力的互联网金融企业。截至2015年底,各类互联网金融公司已突破2290家,其中,互联网第三方支付交易规模约占全国四成,互联网非公开股权融资、互联网财富管理均居国内前三名。

二、大力推进体制机制创新,完善创业创新服务

(一)实施科技创新券政策,增强小微企业创新能力

2015年深圳制定并印发了《深圳市科技创新券实施办法》,利用市科技研发资金支持并引导创客和中小微企业向有关部门购买科技服务。截至目前,已对1879家中小微企业发放创新券,并对2015年申请科技创新券计划的314家服务机构入库,涉及的服务范围有检验检测认证、创业孵化、知识产权、科技咨询、研究开发、技术转移等。

(二)创新高层次人才引进机制,广聚创业创新领军人物

制定出台《关于进一步加强高层次创新创业人才培养的意见》及配套政策,从创新引进政策、加大培养力度、加强载体建设、健全激励保障机制等多个方面推出了全新的政策举措,为创业创新专业人才度身定做了入户、医疗、保险、出入境、住房、子女入学等一系列配

套服务政策。贯彻落实国家"千人计划"、省"珠江人才计划",积极实施引进海外高层次人才的"孔雀计划",举办国际人才交流大会,集聚海内外各类创新型人才。

(三)深化知识产权保护的"深圳模式",加大知识产权保护力度

深入实施知识产权战略纲要,全面推进国家知识产权示范城市和商标示范城市建设,积极营造保护知识产权和公平竞争的市场环境。深圳不断完善行政、司法、海关等知识产权保护联动机制,大力推进和完善知识产权"三合一"审判体制改革,着力深化"深圳模式",完全实现知识产权民事、刑事、行政三类案件在全体法官中随机分配审理。

(四)构筑行业生态系统平台,带动上下游小微企业和创业者发展

在大众创业、万众创新的热潮中,网络创业、概念创业、大赛创业、企业内部创业等创业模式不断涌现,其中以一些行业为龙头企业,利用其积累的自身核心优势,向初级企业提供核心资源,打造行业生态系统平台,连接行业上下游生态链,将竞争者转化为合作者,形成一个隐形的生态圈。

三、持续深化商事制度改革,实现创业创新便利化

(一)率先开展并深化企业登记制度改革,降低创业创新门槛

2013 年,深圳在全国率先推出了,由"先证后照"改为"先照后证",实现商事主体资格和许可经营资格相分离;推动企业注册资本实缴制度改为认缴登记制度,企业注册成立不再需要验资,免交注册登记费;营业执照种类从 15 种减少到 4 种,简化营业执照记载内容,不再审查住所或者经营场所的权属及功能文件。2014 年,深圳又将企业登记注册前置审批事项由原 149 项削减为 12 项(保留的 12 项

前置审批主要涉及国家金融安全和外资管控），切实解决了市场主体准入门槛高、审批多、成本高、时间长等问题，降低了企业登记注册门槛，打通了市场准入的"最先一公里"。

（二）打造"互联网+商事登记"新模式，不断提升创业创新便利性

在全国率先开展全流程网上商事登记，打造"互联网+商事登记"新模式，登记注册最快仅需10余分钟即可办理，大幅提升行政审批效率。2015年7月，深圳进一步将五种证照（营业执照、组织机构代码证、税务登记证、刻章许可证、社保登记证）合并为一份营业执照，使用统一社会信用代码，创业者从原来跑五个部门花一至两个月时间申领五种证照，改为现在的网上一次申请三个工作日即可办理一份执照，创业创新的便捷程度迈进了一大步。

（三）不断健全信用体系，加强商事主体事中事后监管

在降低准入门槛的同时，深圳加快建设商事主体信用体系，不断加强对商事主体事中事后监管。目前，深圳已建成了商事主体登记及许可审批信用信息公示平台，是全国首个实现商事主体信用信息跨部门、跨层级公示和共享的平台，平台归集全市商事主体基本登记信息、监管信息、荣誉信息数以千万条计，商事主体信用状况一目了然，违法失信企业将进入"黑名单"，让企业"一处失信，处处受限"，提高企业违法失信成本。

第九节　成都市：实施"创业天府"行动计划

成都市深入实施创新驱动发展战略，2015年率先启动实施"创业天府"行动计划，强化企业的创业主体地位，突出青年创业者的主力军地位，大力发展众创空间，着力营造良好创业创新生态环境，着力激发全社会创业创新活力，西部第一个国家自主创新示范区建设

大幕在成都高新区开启,成功获批"国家小微企业创新创业示范基地城市",各类创业创新载体如雨后春笋般蓬勃兴起,"创业之城、圆梦之都"的城市创业品牌日益响亮,大众创业、万众创新的生动局面正在加快形成。

2015年前三季度,成都新登记各类市场主体18万户,新增注册资本总额4836.1亿元,同比分别增长34.4%和94.4%,分别高出全国平均水平18.6个和56.2个百分点;新增科技型市场主体9875家、创业板上市企业8家、新三板挂牌企业38家;高新技术企业1758家,高新技术产业产值5621亿元,同比增长7.62%;专利申请量48556件,同比增长32.24%,其中发明专利申请量19351件,同比增长48.92%,申请量均居同类城市第二位。

一、吸引全球创客做"安逸的蓉漂"

(一)创造条件促进科技人员创新+创业

充分调动高校科研院所和企业创业创新积极性,通过推进高校科研院所科技成果使用权、处置权和收益权三权改革,引导科技人员创新+创业。制定出台了《促进国内外高校院所在蓉协同创新的若干政策措施》(简称"蓉十条");与电子科大共同推动环电子科大知识经济圈建设,共建大数据产业技术研究院;与西南交大开展合作,建设交大智慧产业城,推动区域由"知识载体聚集"向"知识经济聚集"跃升。促进企业联合高校院所共建产学研联合实验室、工程技术研究中心近120个,在重点产业领域组建由企业、高校院所共同参与的产业技术创新联盟21个。1—11月,技术交易额129.86亿元,近1000项高校科技成果在蓉转化。

(二)聚集海内外人才创业创新

联合四川大学等高校设立"海内外高端人才创新创业基金",探索建立"企业提需求、高校出编制、政府给支持"的创业创新人才引进模式。深入实施"成都人才计划",对带技术、带项目在蓉新领办企业的两院院士、国家及省"千人计划"和"成都人才计划"创新人才入选者、中科院"百人计划"入选者、长江学者、"国家杰出青年科学基金"获得者、海外留学人员等人才给予资助。

（三）支持青年大学生创业

鼓励在蓉大学建设"创业型大学",设立创业俱乐部,引导在校大学生开展创业实践;分别设立大学生创业天使投资基金和大学生创业融资风险补偿资金池,引导青年大学生到孵化载体创业创新,鼓励学生通过创业创新为社会做出更多贡献,努力为成都源源不断输送创业创新人才。

（四）为"蓉漂"提供全方位的服务

针对外地来蓉创业的"蓉漂",举办"蓉漂茶叙"活动,倾听"蓉漂"代表意见,及时解决创业者困难。全力当好他们的"后勤部长",更好地为创业创新者提供住房、社保、医疗、子女就学、家属安置等全方位的服务。在住房保障方面,出台"创业天府"人才住房保障计划,打造"蓉漂之家"。在配套服务方面,在创业创新人员聚集区,规划开通公交专线,并配备满足创业创新者需求的餐饮、休闲、娱乐设施。

二、构筑"创业苗圃＋孵化器＋加速器＋产业园区"梯级创业孵化体系

目前成都市共有创业创新载体 193 家,总面积达 1506 万平方米,其中科技型企业孵化器 121 家,面积达 430 万平方米。初步形成了"创业苗圃＋孵化器＋加速器＋产业园区"的梯级孵化体系,科技成果孵化和小微企业培育能力显著增强。

（一）因地制宜打造了一批特色鲜明的"众创空间"

引导和支持工业园区、企业进行闲置库房、工业厂房升级改造,

转换为创业创新载体,把城市特色与创业创新结合起来,既保留城市历史文化记忆,又实现历史脉络与时代特色有机融合。支持高校、园区、企业、机构建设众创空间,成立成都市众创空间联盟。因地制宜打造 55 个众创空间。首批 10 家众创空间纳入国家级科技企业孵化器体系。

(二)建设和吸引了一批新型孵化器和专业孵化器

武侯区结合老街区转型打造"磨子桥创新创业街区","蓉创茶馆"利用成都人一直以来在茶馆进行商务谈判的传统,融合了川西茶文化与创业精神,吸引了很多创业创新者在这里边喝茶交流、边创业创新,成为成都新旧城市特质有机融合的典范。还建成一批"孵化+创投"模式的创新型孵化器。国内多家知名新型孵化器落户成都。围绕互联网、大数据、信息安全、生物医药、文化创意等新兴产业,一批专业孵化器加快建设,促进创业企业围绕产业链聚集发展。

(三)建成了一批校院地协同创新载体

支持在蓉高校和科研院所利用周边存量土地和楼宇,打造创业创新基地和科技孵化园区,促进高校知识溢出转化,已建成 4 个国家级、5 个省级大学科技园,环电子科大知识经济圈、环西南交大智慧城加快建设。

三、构建"创业投资+债券融资+上市融资"多层次创业融资服务体系

(一)引导创业投资

"首投"是创业者迈向成功的第一步。为解决"首投"问题,成都市级财政设立了 2.3 亿元科技创业天使投资引导资金,以引导性参股和跟进投资的方式,联合创投机构等组建天使投资基金。已组建天使投资基金 8 只,引导资金出资 1 亿元,设立基金总规模达 7.3 亿

元。为支持青年大学生在蓉开展创业活动,拓宽创业融资渠道,与成都银行联合设立"创业贷"。引导金融机构创新推出信贷规模超过20亿的"科创贷"和1亿元的青年大学生"创业贷",初创企业无需实物抵押,利用企业信用、股权、知识产权就可获得每年最高达1000万元的债权融资;青年大学生创业团队利用自身信用,可获得最高50万元的信用贷款。

（二）支持债权融资

设立了2.5亿元债权融资风险资金池,联合区（市）县政府和金融机构共同建立科技企业债权融资风险资金池,通过政府资金帮助企业增信,鼓励银行、担保公司、小贷公司等金融机构创新知识产权质押融资、股权质押融资和信用贷款等金融服务产品。打破传统信用评价体系对创业创新企业信用评价的局限,建立科技企业信用评价标准,鼓励金融机构采信科技企业信用评级报告,同时与人民银行成都分行共建"创业天府"科技金融服务平台,实现与人民银行科技型中小企业信用信息数据库充分对接。

（三）鼓励上市融资

搭建了创投资本多层次退出通道,大力推动创业企业在深交所、全国股转系统、（川藏）股权交易所等多层次资本市场上市、挂牌融资,让创投资本"进得来,出得去"。1—9月,新增创业板上市企业8家,新增新三板挂牌企业38家。

四、搭建"科创通"平台汇聚创业创新要素资源

以创业团队和创业企业需求为导向,整合政府、市场各类要素资源,提供覆盖创业全过程的云孵化服务,打造首个创业创新O2O服务平台——"科创通",实现创业团队、项目和创业导师、投资机构等创业服务资源的有效对接。"科创通"主要面向创业者提供创业辅导、创业培训、创业场地、投融资对接等服务;面向科技服务机构提供

市场需求信息及商业机会;面向创业企业提供涵盖全生命周期服务链的以投融资、技术转移、检验检测认证、知识产权、创业孵化、研究开发、科技咨询和法律咨询服务等为核心内容的科技服务产品;面向创新孵化载体提供公共科技服务支撑,运用信息技术手段,为创新孵化载体内的企业提供科技创新服务产品。为更大范围激活创业创新基因,成都已在广汉设立"科创通"平台分中心,攀枝花分中心即将设立;在崇州、大邑、邛崃等区(市)县建立了"科创通"平台工作站。"科创通"平台于2014年5月正式开通运行,截至2015年11月底,已汇聚了10695家科技企业,458家科技服务机构,1676个服务产品。

五、以"菁蓉汇"品牌营造创业文化氛围

"菁蓉汇"的"菁",是精华、纯粹之意,是事物最纯粹、最美好的部分;"蓉"是成都简称,同时取"荣"谐音,有欣欣向荣之意;"汇",指创业项目、创业资金、创业信息、创业人才、创业导师"五位一体"的汇聚。2015年2月,成都举办首场"创业天府·菁蓉汇"主体活动,强化政府推动、市场行动,发挥市场主体和科技创新力量作用,调动各方面积极性,初步构建起主体活动及训练营、创享会、创业大赛"1+3"创新创业活动平台体系。主体活动每月至少举办一次,系列活动周周有安排;主体活动由书记、市长、校长"站台",创业者、投资人、企业家现场对话,努力将"有智慧人的脑袋与有钱人的口袋"充分结合,将项目、资金、信息、人才、导师聚集起来,实现"知本"和"资本"有效对接,帮助青年创业者激发创业灵感、获得创业资金、解答创业疑惑、交流创业经验,成为升级版"巴菲特盛宴"。截至目前,"菁蓉汇"已举办主体活动15场、系列活动70余场,并走进了硅谷和中关村,300余家创投机构、6000余家企业及团队、30多万人(次)大学生及创业者参与,项目共获意向投资超过100亿元。"菁蓉汇"已

成为成都响应中央创新驱动发展战略,推动"大众创业、万众创新"的一个重要平台。

第十节　西安市:依托科教军工优势构筑双创高地

西安市坚持市场主导、政府服务,以科技、文化等特色资源优势为依托,推动人才、技术、资本等创新要素与产业协同发展,努力营造良好的创业创新生态环境,激发全社会创造活力,形成创新驱动发展的新生力量。

一、强化创业创新平台支撑

近年来,西安市按照"创业苗圃→众创空间→孵化器→加速器→园区"全过程的孵化培育服务链条,结合区域产业特色,规划布局建设一批企业创业创新载体,出台土地、规划、空间使用费减免等扶持政策,切实降低小微企业创业成本和创业风险,有效促进了工业、软件和信息技术服务、商贸等小微企业的聚集发展和健康发展。目前,全市拥有各类创业创新载体 155 家,入驻小微企业超1.7 万家。

围绕开发区的特色和优势产业,布局建设科技企业孵化器和小微企业孵化园。通过股权投入、奖励补助、贷款贴息等方式,对"五区一港两基地"创业载体的基础设施、信息化建设与维护、共享技术平台建设进行支持,发展形成了高新区创业园服务中心、西安留学人员创业园、西安经开区先进制造孵化器、西安航天基地国际孵化器、西安航空基地孵化器、西安港务区跨境电子商务示范园等一批综合性、专业性企业孵化器、企业孵化园。

围绕工业、县域经济发展"两块短板求突破",布局建设区县工

业园区和小微企业创业基地。出台了《西安市关于加快区县工业园区发展的实施意见》，每年安排专项资金以股权投入、奖励补助、贷款贴息等方式支持园区标准化厂房及配套设施、孵化基地、公共服务平台建设等。目前，全市已建成标准化厂房 232 栋，面积 116.26 万平方米，聚集小微企业 1387 户。为进一步集聚各类创业服务资源，提高小微企业创业空间的供给能力，2014 年西安市首批认定扶持了 6 家小微企业创业基地。

围绕中心城区转型发展，按照"一类一策"原则，支持城区发展楼宇经济，提升商圈品质。支持高校院所相对集中的城区，加强校地联动、产城融合，发展形成了碑林环大学产业带、交大科技产业园等一批智慧型企业聚集区。支持传统商圈改造升级，布局建设了大明宫建材城、万达广场等一批商贸综合体，形成了小寨、钟楼、大唐不夜城等 8 个重点商贸集聚区和特色街区。

大力建设众创空间，努力营造创业创新环境氛围。制定出台了《西安市关于推进大众创业万众创新的指导意见》《西安市级众创空间认定办法（试行）》，着力加强载体建设，提升公共服务，激发人才活力，拓宽融资渠道，为激励全社会创业创新提供有力政策保障。进一步优化创业创新载体布局，积极引进社会力量建设低成本、便利化、全要素、开放式的众创空间。全市重点支持建设各类众创空间 50 多家。举办了全市创新创业大赛、众创空间与创业投资峰会、全国大众创业万众创新活动周西安分会、央视"创业英雄汇"西安海选等系列创业活动，大大提高了大学生、科技工作者和广大市民的创业创新意识。积极建设"互联网+"创业服务平台，提升公共服务水平，为创业创新者提供了人才、技术、设备、知识产权、财税、法律等多方位服务。

全市创业创新基地基本情况表

序号	基地类型	基地基本情况		
		基地数量（个）	空间面积（万平方米）	使用费减免额度（万元）
1	众创空间	58	20.7	839
2	小企业创业基地	25	116	5709
3	科技企业孵化器	27	548	11576
4	商贸企业聚集区	14	487	18120
5	微型企业孵化园	31	197	7484
	合　计	155	1368.7	43728

二、加快公共服务体系建设

完善以政府为主导的公共服务机制，以非盈利性机构为主导的公共服务体系，以社会中介为主导的商业性服务体系。先后出台了《关于支持小型微型企业健康发展的实施意见》《中小企业发展专项资金管理暂行办法》《西安市中小企业公共服务示范平台认定管理暂行办法》等政策文件，支持各类公共服务平台和服务机构建设和运营。截至目前，全市拥有政务服务、综合性公共服务、专业化公共服务、公共技术服务等各类服务平台超过 500 家。全市各类公共服务平台提供服务事项超过 70 项。

采取多元化财政投入方式，加大对服务平台的支持力度。根据国家《中小企业发展专项资金管理暂行办法》，修改出台了市级相关资金管理办法，形成了购买服务、奖励补助、贷款贴息、融资引导等多种支持方式。对服务平台或机构实施的服务场地改造、软硬件设备及服务设施购置等提升服务能力的建设项目，按其建设投入给予一定比例的补助支持；对服务平台或机构开展的中小微企业服务，综合考虑其服务企业数量、收费标准、客户总体满意等因素，按其运营成本给予一定比例的奖励支持；通过政府购买服务方式，向服务平台或机构购买中小微企业发展迫切需要、市场供给严重不足的公共性服务。

西安科技大市场的科技资源配置效应明显。坚持大家建、大家用的原则建设西安科技大市场,搭建网络化、广覆盖、高效率的服务平台,通过需求发现和对接服务,技术交易补贴、仪器共享奖励等政策设计,促进了科技成果便捷交易、创新要素有效聚集,科研选题与产业发展紧密结合、科技设备与人才资源服务产业发展,使大市场的区域科技资源服务枢纽和配置中心作用进一步显现,科技活动产出水平进一步明显。

三、提升创业创新融资服务功能

强化创业企业融资服务。设立西安市科技金融服务中心,重点针对科技型小微企业,提供信托、集合债券、知识产权质押融资等融资服务。设立西安市民间借贷服务中心,免费为中小微企业和群众提供融资撮合和对接平台,目前平均成交月利率约1%左右,大大降低了小微企业整体经营成本,规范了民间借贷。出台《西安市金融机构支持地方经济发展评价奖励办法》,把银行对小微企业的贷款支持作为主要考核内容,支持银行业金融机构向小微企业集中的区域延伸服务网点,新设或转型为小微企业服务的专业支行、特色支行、科技支行,建立小微企业经营中心,开展金融产品和服务方式创新,满足了小微企业的融资需要。

建立创业企业信贷风险补偿机制。对为小微企业发放贷款的小额贷款公司,给予风险补贴和风险损失补偿,对科技信贷合作银行给予风险损失补偿;对为小微型企业开展融资担保业务的融资性担保机构,给予担保补贴,有效调动了金融机构融资服务的积极性,目前已实现所辖区县小贷公司和担保机构的全覆盖。

四、力促科教文化优势向创业创新优势转化

校企产学研合作不断深化。开展"千人百企计划",积极推动西

安地区高校院所科研人才发挥学科和专业优势,参与地方企业新产品研发、科研攻关,提升中小微企业的自主创新能力,2013 年、2014 年两年共组织高校院所科技人员 2140 人次为 249 家企业进行了技术服务,解决技术难题 270 项。设立 1 亿元技术转移专题资金,支持小微企业解决龙头企业产业链配套技术需求。布局建设了一批大院大所、军工企业成果转化基地,支持其科研团队领办创办科技企业,转化职务发明成果。

大学生创业促就业成效明显。支持 8 家大学生创业孵化基地建设,大力实施离校未就业高校毕业生就业促进计划,制定出台包括社保补贴、创业扶持、税收减免等 20 项政策措施,年新增高校毕业就业见习基地超过 50 家,见习人员超过 5000 人,见习补贴标准提高到 1000 元/人月。每年开展各类培训达 28 万人次,举办各类招聘会 300 多场,提供就业岗位 24 万个,以政府购买形式吸纳 6000 多名高校毕业生在公益性岗位就业。充实大学生创业小额贷款担保基金,年发放创业贷款超过 14 亿元。

以"历史文化+商贸服务业+电子商务"带动创业就业。发挥雁塔区"全国社区商业示范社区"和钟楼、小寨、东大街等一批"中国重点示范商业服务业集聚区、重点示范城区商圈和重点示范都市商圈",西大街、雁塔区 IT 产业街、书院门顺城巷等一批"中国著名商业街""中国特色商业街"等商贸服务业优势,大力发展电子商务,带动创业就业规模特色发展。全市商业网点总数达 24.3 万个,各类交易市场超过 600 个,注册电子商务经营的企业达 2.6 万家,商贸流通领域应用电子商务企业超 9 万家,经营性网站有 1000 多家,企业自建电子商务平台超 700 个,培育国家级电子商务示范企业 2 家,企业间电子商务交易规模达到 600 亿元。

第七章　发展展望

2015 年,是中国创业创新发展进程中极为重要的一年。一年来,各级政府加快构建政策体系,着力优化营商环境,积极推动创业平台建设,全国创业创新呈现迅猛发展的态势。中国正在迈向一个大众创业,万众创新的新时代。然而,应清楚看到,要真正把中国建设成为一个创新型国家,让创业的种子生根开花,插柳成荫,还必须进一步深化体制机制改革,推进政策落实,完善创业生态,厚植创新文化,为创业者提供更多的创业机会、搭建更好的平台。

首先,要勇于自我革命,给市场和社会留足空间,为公平竞争搭好舞台。简政放权、放管结合、依法行政是政府为企业松绑减负、激发创业创新活力的关键,政府应当在做权力减法的基础上,更进一步做好服务质量的加法和工作效能的乘法,推进政府自身权责调整和行政流程再造,建设法治政府和服务型政府。要进一步深化商事制度和行政审批制度改革,全面落实"三证合一、一照一码"登记制度,继续取消和下放行政审批事项,全部取消非行政许可审批,并规范审批制度,全面制定和实施负面清单、权力清单、责任清单,让权力在阳光下运行。在减少和纠正行政手段直接干预的同时,要把主要精力放在加强监管上,促进有效保护知识产权、商业秘密和打击反垄断,健全电商领域和展会专利执法维权机制,建立网上专利纠纷案件办理机制,加强社会诚信体系建设,建立失信惩戒机制,让失信者寸步难行,使创新者更受保护,形成全社会的正向激励机制。

其次,**要进一步营造良好的创业创新生态环境,充分调动创业创新主体的积极性,释放我国巨大的创业创新潜力**。如何处理好政府和市场的关系,使市场在资源配置中起决定性作用和更好地发挥政府作用,这是指导我们推动改革和制定政策的基本原则。要坚定不移地以改革为动力,破除制约创业创新的体制机制,扎实推进各类新政的落地实施,全面营造有利于创业创新的生态环境。一是加快以金融创新破解创业企业融资难题,通过国家及地方设立创业投资引导基金等方式,引导社会资本发展风险投资、天使投资,加快推进创业担保贷款,积极推进专利、商标等无形资产融资,稳妥研究和推动投贷联动试点,为创业创新融资搭建起四通八达的通道。二是加大减税降费力度,加快完善研发费用加计扣除、固定资产加速折旧、高新技术企业税收优惠,加快将企业转增股本分期缴纳个人所得税试点政策、股权奖励分期缴纳个人所得税试点政策推广至全国,进一步促进高校毕业生、残疾人、退役军人、登记失业人员创业就业税收优惠,切实减轻创业者的税费负担。三是解开束缚各类人员创业创新的桎梏,切实解决科研院所和高校"离岗创业""科技成果三权改革"等政策缺乏可操作落实细节等问题,进一步降低外国人才引进门槛,简化投资兴业、出入境等手续。四是建立面向人人的创业服务平台和社会保障体系,重点扶持一批创业孵化、创业投资、公共服务等创业创新服务载体,加快构建专业化众创空间、众创众包众扶众筹等新型支撑平台,推动中央企业向创业者开放资源,完善创业服务体系和服务方法,提高服务均等化、标准化和专业化水平。同时还要促进社会保障制度改革,解除创业创新者的后顾之忧。

再次,要在全社会弘扬创业创新文化,让人们在创造财富的过程中,更好地实现精神追求和自身价值。创业创新本身是不断试错的过程,失败的探索也是接近成功的途径。只有解放人的思想,才能解放人的创造力。要进一步加大创业宣传和培训力度,培育鼓励探索、宽容失败和尊重人才、尊重创造的文化,进一步弘扬既敢于冒险、追求物质财富,又有渴望成功、实现自我价值的企业家精神,让创业创新的血液在全社会流动起来。要继续举办全国双创活动周,组织各类创新创业大赛,开展双创人物推选活动,加大优秀科技工作者宣传力度,建设校园创业创新文化,设立创业创新专项奖学金,选拔一批有思想、有文化、懂经营、善管理、敢闯敢干、敢为人先、勤于耕耘的农民创业创新典型,让大众创业、万众创新更加深入人心。要加大创业培训力度,围绕培养创业意识、加强创业实践,加强国家创业导师队伍建设,把创业素质教育纳入国民教育体系。同时,全面推进农民创新创业行动计划、农村青年创业富民行动、开发农业农村资源支持农民工等人员返乡创业行动计划,开展创业技能培训服务,全面提高各类人员的创业能力。

大众创业、万众创新的时代已经来临。未来一段时期,随着政府简政放权的持续推进,创业创新生态环境的日趋完善,我国经济转型升级不断加快,以及全球新一轮科技革命和产业变革的快速孕育兴起,中国创业创新必将迎来更大发展,不断书写出新的精彩篇章。

后　　记

　　《2015 年中国大众创业万众创新发展报告》是国家发展改革委组织编写的反映我国创业创新情况的年度报告,由总论和七个章节构成。总论部分概要介绍了全国大众创业、万众创新发展现状,第一至第七章分别就创业环境、创业服务、创业融资、创业主体、创业成效、地区创业等发展情况进行了描述。

　　国家发展改革委高技术司和宏观经济研究院负责具体组织编写工作,中国科协创新战略研究院、科技部火炬中心、中国信息通信研究院、人事科学院、劳动科学院、清科集团等单位研究人员参与了部分章节的撰写工作。全书由王昌林、罗蓉、刘国艳、姜江、欧阳慧、吴有红、李清彬、韩祺修改定稿。

　　在本书编写过程中,国务院有关部门为本报告的编写提供了许多宝贵资料和数据,北京、上海等地提供了丰富的素材。同时,本报告也摘选和引用了相关研究机构的研究报告内容。我们在此表示衷心感谢。

　　这本报告是首次编写,由于目前关于大众创业、万众创新的统计数据和资料不健全,加之我们对该问题的认识和研究还有限,书中难免有疏漏和不当之处,敬请读者批评指正。

编写组

2016 年 3 月

责任编辑:郑　治　王新明

封面设计:肖　辉

图书在版编目(CIP)数据

2015 年中国大众创业万众创新发展报告/国家发展和改革委员会 编著. —北京:
　人民出版社,2016.5

ISBN 978－7－01－015889－1

Ⅰ.①2…　Ⅱ.①国…　Ⅲ.①劳动就业-研究报告-中国-2015　Ⅳ.①D669.2

中国版本图书馆 CIP 数据核字(2016)第 040099 号

2015 年中国大众创业万众创新发展报告

2015NIAN ZHONGGUO DAZHONG CHUANGYE WANZHONG CHUANGXIN FAZHAN BAOGAO

国家发展和改革委员会

人民出版社 出版发行

(100706　北京市东城区隆福寺街 99 号)

涿州市星河印刷有限公司印刷　新华书店经销

2016 年 5 月第 1 版　2016 年 5 月北京第 1 次印刷

开本:710 毫米×1000 毫米 1/16　印张:9.25

字数:113 千字

ISBN 978－7－01－015889－1　定价:20.00 元

邮购地址 100706　北京市东城区隆福寺街 99 号

人民东方图书销售中心　电话 (010)65250042　65289539